少儿搏击与国学文化

SHAOER BOJI YU GUOXUE WENHUA

霍峰 张红※著

中国商业出版社

图书在版编目（C I P）数据

少儿搏击与国学文化 / 霍峰，张红著．-- 北京：中国商业出版社，2020.6
ISBN 978-7-5208-1154-5

Ⅰ．①少… Ⅱ．①霍… ②张… Ⅲ．①少年儿童－搏击－关系－中华文化－研究 Ⅳ．① G852.4 ② K203

中国版本图书馆 CIP 数据核字（2020）第 077004 号

责任编辑：管明林

中国商业出版社出版发行
010-63180647　www.c-cbook.com
（100053　北京广安门内报国寺 1 号）
新华书店经销
济南济海印务有限公司 印刷
*
710 毫米 ×1000 毫米　16 开　10.5 印张　118 千字
2020 年 6 月第 1 版　2020 年 6 月第 1 次印刷
定价：68. 00 元
* * * *

前　言

搏击即搏斗。

搏斗，出自清代徐珂《清稗类钞·战事类》。秦汉时期搏击曾称为“手搏”“技巧”，《孙子兵法》中也曾有过相关记载。搏击在我国有着悠久的发展历史，是广大人民群众智慧的结晶。

现代搏击技术是融传统武术、散打、泰拳、跆拳道、空手道、柔道、摔跤等于一体，用于制服敌人的综合性格斗武艺。它具有击打要害、动作精炼、简单实用、灵活多变、攻防兼备等特点。搏击有着严格的技术等级培训制度，根据习练者水平的高低，可分为天干10段，地支12级。级别由低到高为1级到12级，级满升段，段位由低到高为1段到10段。其中“级”的划分又具有“德”“智”“体”三个方面的深层含义。随着习练者级别的升高，慢慢学会感恩，懂得谦恭，即“德”的提高；渐渐地具备了自信、自强、自立、自律、睿智的品质，即“智”的健全；身体机能在反应速度、柔韧度、力量等方面得到提升，即“体”的发展。

活动是搏击的初衷，健康是搏击的灵魂，斗志是搏击的内涵，永恒是搏击的必然。在大力提倡素质教育、全面发展的今天，学习搏击不仅能增强体质，提高孩子自我防护的能力，还能促进孩子身体全面发育，培养正确的身体姿势，提高速度、协调、灵敏、力量、柔韧等素质；发展时空知觉、节奏知觉以及想象力、注意力、肌肉控制能力、运动记忆力和模仿能力等；培养尊师爱友、团结互助、勤学苦练、自律守规、自信自强、勇敢坚毅等民族传统武德。

本书除全面系统地阐述搏击技术培训知识以外，还特意加入了成语、民俗故事等国学知识元素。字里行间无不体现“尊道贵德、崇文尚武”的搏击精神，力求让习练者在学习的同时不仅得到技术上的进步，更重要的是其品格的培养、道德的升华。

本书分为初级、中级、高级三个阶段，其中亥、戌、酉、申为初级阶段，未、午、巳、辰为中级阶段，卯、寅、丑、子为高级阶段。段位单独成一册。

目录

第一章 亥（纯净）…………………………1

习练者没有任何搏击知识和基础，一切从零开始。

第二章 戌（自信）…………………………11

习练者学习基本技术，锻炼自信，敢于发声。

第三章 酉（自律）…………………………27

在此阶段要打好基础，强调对肢体的控制能力，坚持训练。

第四章 申（敏捷）…………………………44

习练者的技术在不断上升，锻炼身体的协调能力，身形如猴子般敏捷。

第五章　未（感恩）……………………59

习练者的技术在不断完善。要学会习武习德，懂得感恩。

第六章　午（速度）……………………73

习练者的水平处于调整期。动作速度要加强提升。

第七章　巳（柔韧）……………………83

习练者的搏击技术逐渐成熟。身体基础条件提高。

第八章　辰（自立）……………………97

习练者的水平已经具备相当的攻击能力，增强独立自主意识。

第九章　卯（谦恭）……………………109

谦虚做人，对人恭敬，加强品德培养。

第十章　寅（自强）........................123

习练者对所练搏击技术进行加深夯实。

第十一章　丑（力量）....................133

习练者技术动作已相当成熟，可以加强功力训练。

第十二章　子（睿智）....................147

学习完十二级的全部课程，一个品格健全的习练者开始由级向段晋升。

第一章 亥（纯净）

级位	1级	2级	3级	4级	5级	6级	7级	8级	9级	10级	11级	12级
标志	子	丑	寅	卯	辰	巳	午	未	申	酉	戌	亥

亥时（北京时间21时至23时）：人定，又名定昏等，此时夜色已深，人们也已经停止活动，安歇睡眠了。人定也就是人静。夜深人静，能听见猪拱槽的声音，故称为“亥猪”。

亥在搏击之位中位于12级。

一、生肖的由来

古时有个员外，家财万贯，良田万顷，只是膝下无子。谁知年近花甲之时，却老来得子。合家欢喜，亲朋共贺，员外更是大摆宴席，庆祝后继有人。宴庆之时，一位相士来到孩子面前，见这孩子宽额大脸，耳阔有轮，天庭饱满，又白又胖，便断言这孩子必是大福大贵之人。这胖小子福里生、福里长，自小只知衣来伸手、饭来张口，不习文武、不修农事，只是游手好闲、无所事事，他认为命相已定，福贵无比，不必辛苦操劳。哪知这孩子长大成人之后，父母去世，家道衰落，田产典卖，家仆四散。但他仍然继续过着挥金如土的生活，最后饿死在房中。他死后阴魂不散，到阴曹地府的阎王那里告状，说自己天生富福之相，不能如此惨淡而亡。阎王将这

阴魂带到天上玉帝面前，请玉帝公断，玉帝招来人间灶神，问及这位一脸福贵相的人怎么会饿死房中，灶神便将这胖小子不思学业、不务农事，坐吃空山、好逸恶劳的行为一一禀告。玉帝一听大怒，令差官听旨，要胖小子听候发落，玉帝道：“你命相虽好，却懒惰成性，今罚你为猪，去吃粗糠。”这段时间恰逢天宫在挑选生肖，这天宫差官把“吃粗糠”听成了“当生肖”，当即把这胖小子带下人间。从此，胖小子成为一头猪，既吃粗糠，又当上了生肖。

二、生肖的特点

猪：纯净（习练者没有任何搏击知识和基础，一切从零开始）。

孩子是人类纯洁而天真的花朵。

——柔石

纯净指单纯简单，想法不多、不繁杂，思想纯洁，没有杂念，比较单一，阅历浅，涉世未深，自我认知不成熟，自我发展不完善。

一个孩子就如同一张白纸，教育的意义就在于把这张白纸变成一幅丰富的画卷，而武德教育则是让这幅画卷灵动起来。青少年阶段是一个孩子成长的关键阶段，人生价值观的确立及对世界的认知都是在这一阶段打下基础的，因此这一阶段的教育尤为重要。初学者对搏击毫无基础，就犹如一个孩子初识这世界，尽管迷茫但又充满了好奇，正是在这种好奇心的驱使下，不断进步，最终得到德智体的全面发展。

三、与猪相关的小知识

【辽东之猪】

古时候，辽东有一只猪生了一只白头的小猪，辽东人以为奇珍而将它献给朝廷，后来到河东一趟，竟发现当地的猪都是白头的。如今则是说有些人似井底之蛙却自以为很了不起，表示少见多怪，或因见识浅薄而羞惭。

【一龙一猪】

一是龙，一是猪。比喻同时的两个人，高下判别极大。

【猪突豨勇】

《汉书·食货志下》：“匈奴侵寇甚，莽大募天下囚徒人奴，名曰猪突豨勇。”

注解：豨指野猪，有讽刺意味。指拼命向前冲，不怕死的人。

四、与猪相关的小故事

杀猪教子

古时候，中国有个人叫曾子。有一天，曾子的妻子要上街买菜，小儿子抱住妈妈的腿又哭又闹，也要跟着她去。曾子的妻

子怕街上行人车马太多，不想带孩子出去，就哄他说：“好宝宝，你只要乖乖待在家里，妈妈回来就给你杀猪做猪肉吃。”于是，小儿子高兴极了，答应在家等着。

妻子从街上回来，还没进门就听见“吱吱”的猪叫声。她走进院子，见自己养的那头肥猪，四脚朝天，被绳子紧紧地捆着。曾子在一旁，正在磨刀。她急忙走上前去问曾子：“你这是要干什么？”曾子头也不抬地回答道：“杀猪！”她忙拦住曾子说：“这头猪是留着过年的时候吃的，你怎么现在就要杀呢？”曾子说：“你不是对儿子说，他只要不跟你上街去，你回来就给他杀猪做猪肉吃吗？”妻子笑了，说：“我那是哄小孩子的呀，你怎么就当真了？”曾子直起腰来对妻子说：“你总是这样对待孩子，只要能哄乖他，你想说什么就说什么。对人要讲信用，这是基本的人生道理。”

妻子仍然恳求地说：“何必这么认真呢？说杀猪，就要真的杀吗？我还可以再哄哄他嘛！”曾子说：“现在不杀猪，你就是欺骗了孩子，也就是教给孩子去欺骗别人。做母亲的欺骗了自己的孩子，做儿子的以后就会不相信自己的母亲。他不相信你，你今后还怎样教育他呢？”说完，就把猪杀了。

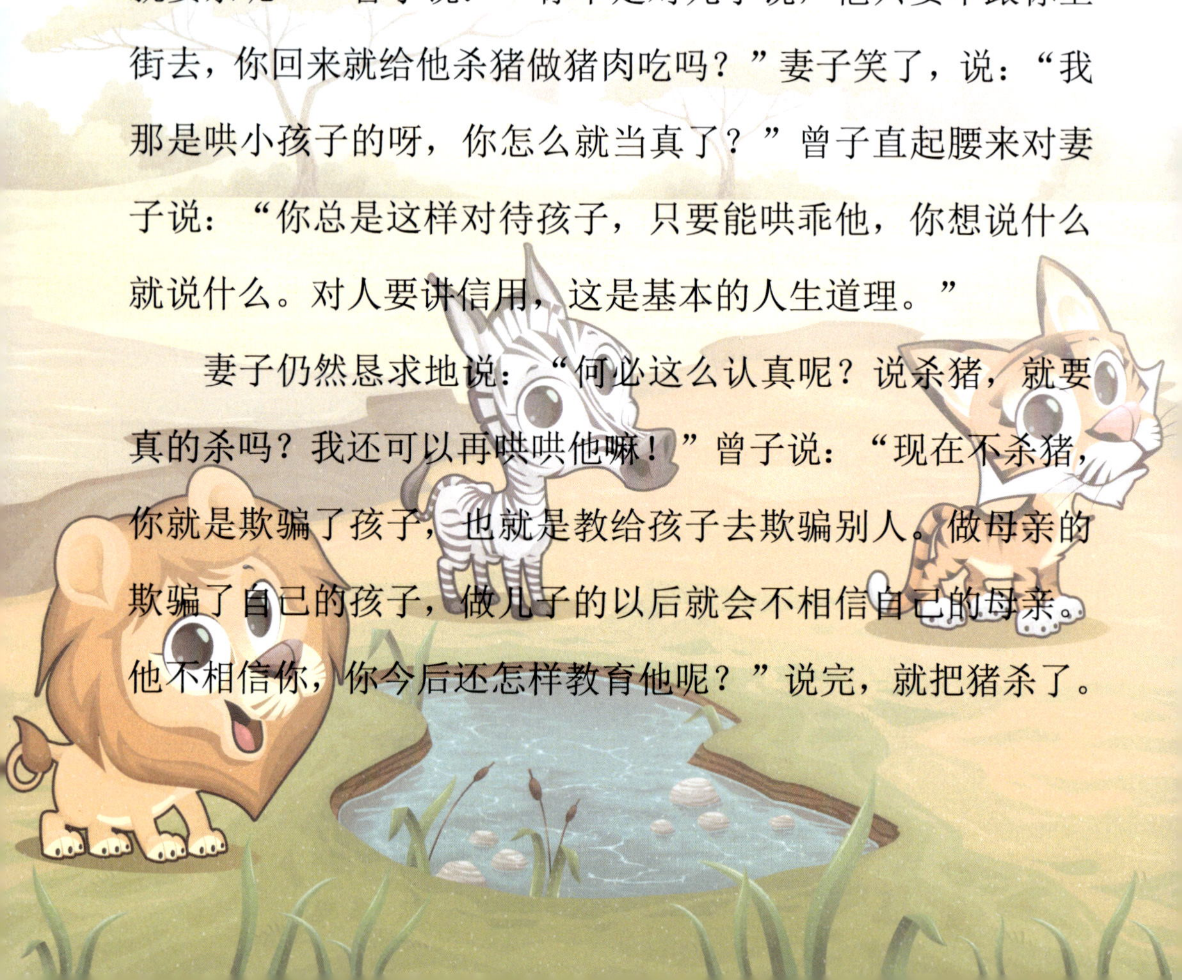

野猪与家猪

一天，一只野猪不知怎的闯进了农民的猪圈。

野猪看见猪圈里躺着的几只家猪，不禁诧异地问道：“看你们的样子多么像我，你们都是猪吗？”

一只家猪打了个哈欠，懒洋洋地回答说：“是啊，我们都是猪。这点还用怀疑吗？”

野猪说：“你们怎么变得这样懒懒散散，没精打采的，丝毫没有猪的气势和精神。我们在山林里并不是这样的呀！”

家猪说：“我们在这儿，吃了睡，睡了吃，有人伺候我们，舒服极了。还要到山林里去干嘛？朋友，你也留在这儿享福吧！”

野猪听了，叹道：“哦，原来如此！我得赶紧离开这儿，不然我也要变成和它们一样的懒货了！”

寓意：

做人一定要勤劳，不要失去那些本来属于我们的东西……

家猪与野猪最大的区别在于灵性。家猪好吃好睡依赖成性，野猪自食其力风雨无畏，生存能力超强，智力比家猪发达。说明人要奋发向上，就要主动排除不当因素的影响，不然也就近墨者黑了。

五、抱拳礼

未曾学艺先学礼、未曾习武先习德。

抱拳礼，与其类似的礼节称为“拱手礼”“作揖礼”，汉族传统礼仪（多见于习武之人）中一种相见礼，源于周代以前，有3000年以上的历史，是中国特有的传统礼仪，这是在国内外一直被采用的具有代表性的礼法。

搏击中抱拳礼的解读：立正站好、昂首挺胸，表示做人要堂堂正正、顶天立地；眼睛

目视前方，表示做人要有眼界、有格局，一切要往前看；右手为拳，代表的是力量、武力，拳可以打人；左手为掌，在生活中，对客人说请，用的是掌，在军队里面，包括警察，行礼的时候用的也是掌，掌代表了礼。用掌盖住拳，寓意“先礼后兵”，是对武力的自我约束，好像在说“我善武而知礼，不会随便打人，我愿跟您友好，我尊敬您。”同时左手为文，右手为武，做人要文武兼修。 因此拱手礼应左手在上，右手在下，左手压着右手置于胸前，指尖朝上，提醒要好好学习、天天向上。两肘好似两个人字，两肘抬平，我们要时刻谨记，做人、待人要学会人人平等。同时屈臂成圆，空间要大，喻义胸怀宽广，虚怀若谷，有容乃大。

六、考级标准

本级别不需要考级，如身体条件允许，经教练员体测合格之后申请报名即可成为12级，给予12级证书与级位标。

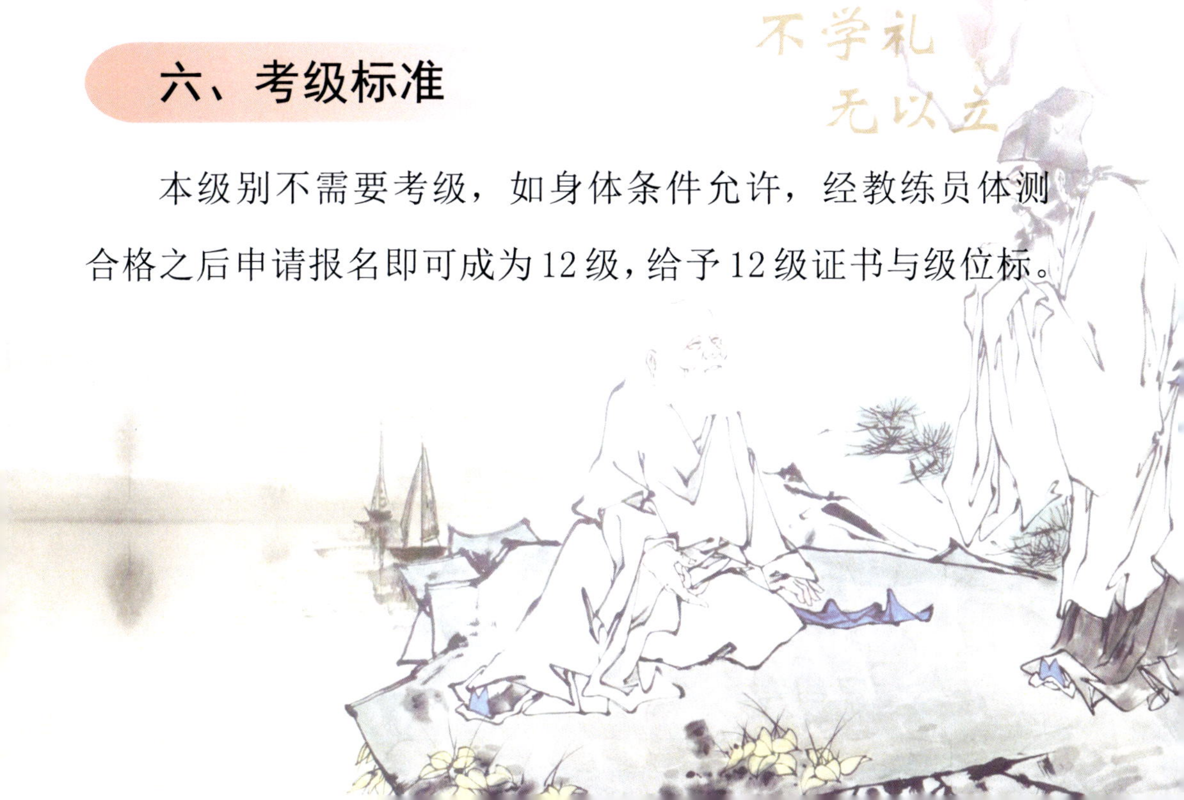

第二章 戌（自信）

级位	1级	2级	3级	4级	5级	6级	7级	8级	9级	10级	11级	12级
标志	子	丑	寅	卯	辰	巳	午	未	申	酉	戌	亥

戌时（北京时间19时至21时）：黄昏，又名日夕、日暮、日晚等，此时太阳已经落山，天将黑未黑。天地昏黄，万物朦胧，故称为黄昏。人劳碌一天，闩门准备休息了。狗卧门前守护，一有动静，就汪汪大叫，故称为“戌狗”。

戌在搏击之位中位于11级。

一、生肖的由来

传说，在玉帝下旨挑选十二动物当属相的时候，动物们都想当上属相，封为神。动物们都尽量把自己的优点表现出来。想在玉帝面前证明自己是人类的有力助手。不仅如此，动物们还都想把自己的位置排在前面，因此，都在争论谁对人类贡献大。猫和狗都同人的关系十分密切。

玉帝问狗：“你一顿吃多少？”狗老老实实地回答：“我每天看门守园，一顿一盆。”玉帝又问猫：“你一顿吃多少？”猫灵机一动，说：“我会念经，抓老鼠，每顿吃一小碗。”

猫只是想巧妙地告诉玉帝，它不仅吃得少，而且会自食其力，抓老鼠吃，那么，它的贡献就一定会比狗大了。

听了狗和猫的话，玉帝断定，猫吃得少干事多，贡献比狗大。狗一听，气愤极了，觉得猫用不光彩的谎言胜了自己，就一路追赶猫。猫自知理亏，一路跑个不停，到了家也不敢露面，东躲西藏，不敢出来。

趁着猫躲避它的机会，狗同鸡一起去天宫当了属相，结果猫与属相无缘。狗虽然当上了属相，但诚实正直的它始终不原谅猫，见了猫就追，直到今天也还是这样。

在现实生活中，狗是人类最亲密的朋友。从远古的渔猎时代开始，人类就已经驯化狗为自己服务，捕捉猎物、看守家园、守护农田、放牧巡山等。狗不仅是人类最亲密的伙伴，也是人类最忠诚的伙伴，任何情况下，狗都不会背叛自己的主人。当然，狗以自己的忠诚，赢得了人类的信任，它作为人类社会的属相是无可争议的。

二、生肖的特点

狗：自信（习练者学习基本技术，锻炼自信，要学会敢于发声、勇于发声）。

自信是一种积极的信念，是在自我评价上的积极态度，是发自内心的自我肯定与相信，是对自身力量的确信。

欲信人者，必先自信。

【释义】

一个人要想得到别人的信任和拥护，他首先要做的就是自己相信自己。

自信就是自己对自己有信心，充分认识自己，相信自己的力量。自信的人才能自主，才不对别人抱有幻想。依附于别人的人，往往是缺乏自信的人。信心就是力量，力量来源于信心。人因为失去信心而自我萎缩，人也因怀有信心而自立自强。自信不是自高自大，孤芳自赏，自信是建立在对自己全面认识的基础上。自信不是认为自己无所不能，而是对自己克服困难的勇气、信心和毅力的信任，是对自己会做得尽可能好的信任。自信的本质是一种自我宣誓式的决心。自信不是对别人不信任，相反，充分信任环境的人，才会有真正的自信。对周围条件和环境的充分认识和了解，对友谊和资源的尊重，是建立自信的条件。怀有自信的人，才会坚持自主意识，坚持对自身潜力的开发。

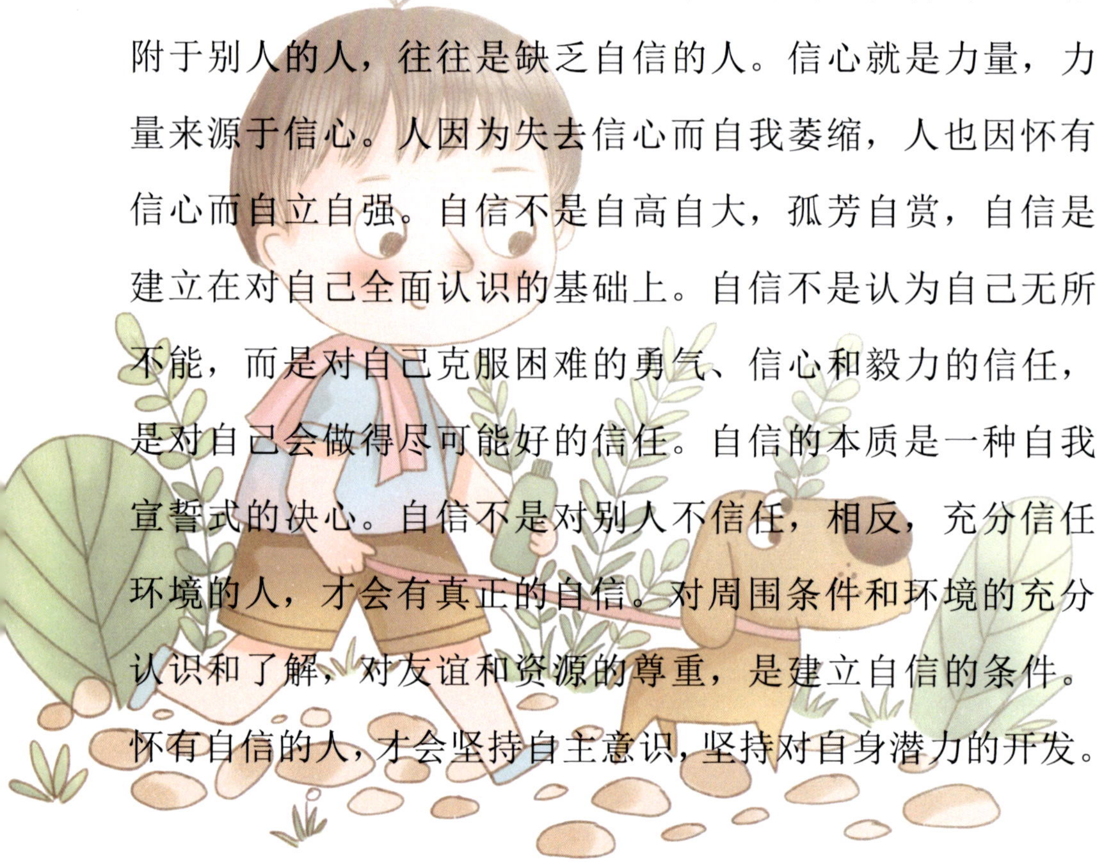

不敢说话的人是缺少自信的人。狗喜欢奔跑，声音洪亮，喜欢叫，是自信的表现。

三、与狗相关的小知识

【画虎成狗】

画老虎不成，却成了狗。比喻模仿不到家，反而不伦不类。

【土龙刍狗】

泥土捏的龙，稻草扎的狗。比喻名不副实。

【狗吠非主】

狗见到不是自己主人的人便吠叫。比喻臣子各忠于自己的君主。

【狗盗鸡鸣】

学雄鸡啼叫，装狗进行盗窃，本指卑微的技能。

【白云苍狗】

苍：灰白色。浮云像白衣裳，顷刻又变得像苍狗。比喻事物变化不定。

【鸡飞狗走】

鸡乱飞，狗乱跑。形容因极端惊恐而混乱不堪。

四、与狗相关的小故事

狐朋狗友

吃过午饭的狐狸很无聊，就独自一人出来散步。走着走着，它忽然闻到了诱人的鲜肉香味，它顺着肉香味望去，看到几头狮子正在撕吃着一头野牛。

看到如此惊心动魄的场面，吓得狐狸连大气都不敢出，悄悄地偷趴在浓密的草丛中，胆战心惊地偷看着狮群，焦急地等待着狮群的离去。

吃饱了的狮群陆续离开找水喝去了。狐狸小心谨慎地站起身，探头探脑地用眼睛环视一圈，确信狮子都已离去，就大摇大摆地从草丛中钻出来。

它走到野牛尸体旁，准备带些肉渣回去当晚饭。这时狐狸的好朋友狗，睡醒之后出来寻找食物，狐狸看到了，就大声叫唤道：“喂，狗大哥，快过来啊！这里有很多肉！”狗听到狐狸的喊叫，一溜小跑过去。

狗刚跑过来，狐狸就捡起其中最好最大的一块剩肉递给狗说：“今天我请客，你慢慢吃吧。”狗接过狐狸递过

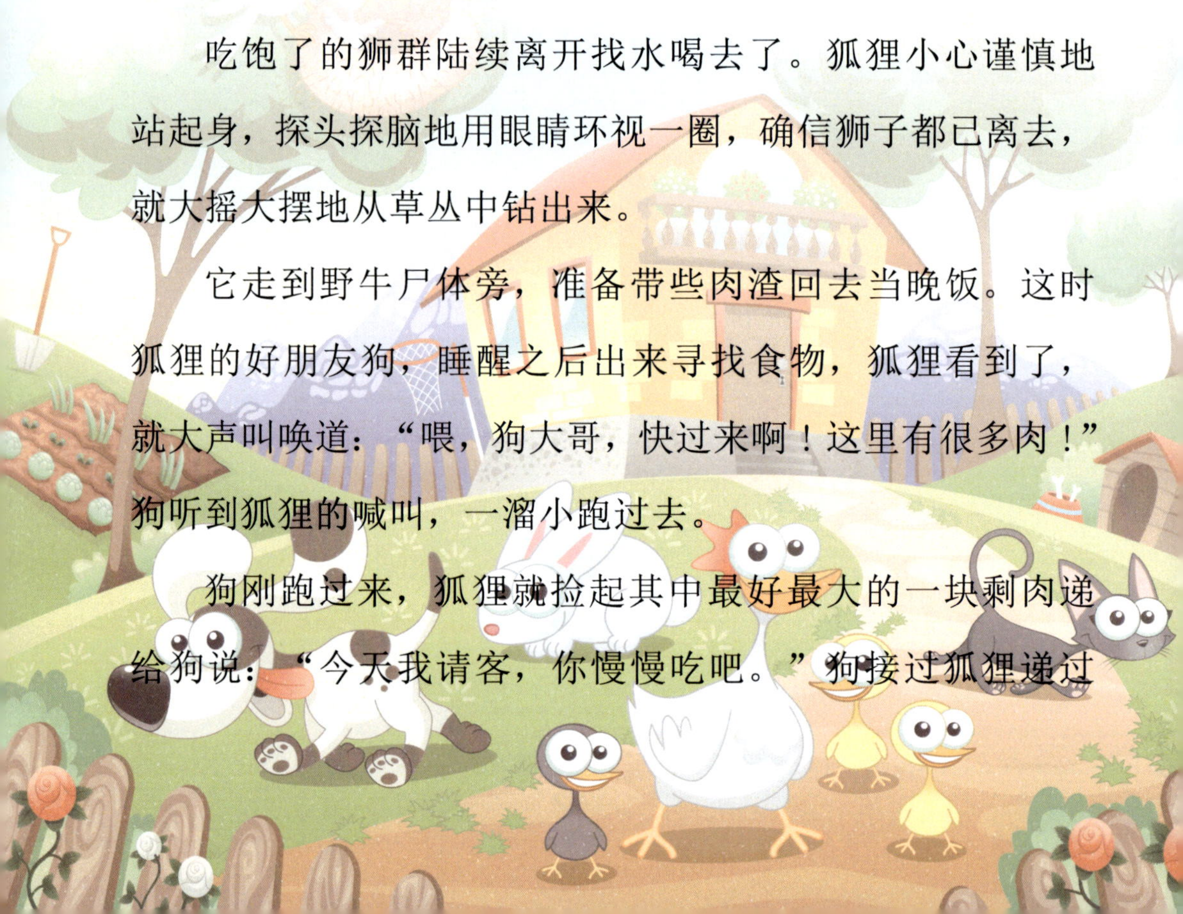

来的肉，感激说：“谢谢，我的好朋友。”

狐狸又从肉堆中捡了一块，对狗说：“我有事先走了，你慢慢在这吃吧。”

喝饱水的狮群中的老大回来看食物，看到狗正在大口大口地吃着它们的猎物，很是生气，就走到狗的身旁，二话不说，抓起狗的尾巴，一下扔出几丈开外。狗从半空中落下来，摔折了一条腿。

狗趴在地上，疼得流下眼泪，心里骂道：“好啊，狐狸。我说今天你怎么对我那么大方，原来是拿别人的东西哦。”

狗急跳墙

游手好闲的狗剩，溜达到村子东头老赵家院外。老赵一家前几天进城走亲戚，还没回来。狗剩眼珠一转，见四下无人，纵身爬上墙头，朝院里一瞧，静悄悄的，那条看家的大黄狗正趴在窝里睡觉。这真是个好机会！狗剩轻轻一跃就跳进了院内。

都说老赵是村里有名的马大哈，狗剩果然发现西屋前窗没有上锁，他一阵窃喜。可这扇窗离狗窝很近，狗剩只好轻手轻脚地推着窗子。眼看就要推开一人宽了，大黄狗突然叫了起来，狗剩转身抄起房前的一根木棒，冲过去就朝狗的脑袋打了一棒，狗立刻倒了下去，嘴里发出几声“呜呜”的叫声后就没了声响。狗剩冷笑一声：“给你留条狗命！”

隔壁院里突然传来几声响亮的狗叫，狗剩吓得够呛，忙蹲在一口大水缸后面，大气都不敢出。接着，隔壁传来一个男人的呵斥声：“别乱叫！”然后，四周恢复了平静。

狗剩长出一口气，从窗跳进屋内，翻了老半天，只找到几块钱，很郁闷，可又不甘心空手而归，就把衣柜里一件裘皮大衣拽出来卷成一团，又抓过一块床单把它包起来。

从窗跳出来，

大黄狗还趴在地上昏迷着，狗剩把窗推上，把包往肩膀上一甩，刚想翻墙而出，冷不防回头一看，隔壁墙头突然露出一条大黄狗的脑袋，目光正盯着他。狗剩吓得“妈呀”一声，赶紧往墙上蹿，结果由于紧张，一下子摔了

下来。大黄狗狂叫着跳过墙来，冲着狗剩的屁股狠咬一口，狗剩惨叫一声，大黄狗不依不饶，又在他大腿上咬了一口，狗剩发出杀猪般的号叫。这时，隔壁的老张也翻墙跳了过来，他喝住大黄狗，斥责道：“真是狗改不了吃屎！”狗剩哭丧着脸，喘着粗气，指着大黄狗，说：“你家这狗怎么会跳墙，还这么凶，哎哟！疼死我了！”

老张“哼”了一声：“这就叫狗急跳墙！”又指了指被打昏的狗，“我家的狗就是它生的，你把它打成这样，我家的狗还能不跳过来咬你？母子连心啊……”

五、基本技术

1. 实战步： 在立正的基础之上，右脚向右斜后方45°位置后撤，大约与肩同宽，双腿微曲，重心放于两腿之间，收腹含胸、下颚微收、目视前方、左手立拳在前，高度在鼻尖位置，不要超过眼睛，右手在后放于下颚，两肘自然下垂，护住两肋。

要点：实战时根据攻防动作的特点，要求进退灵活，攻守严密，移动方便。暴露给对方打击的有效部位尽量缩小。

2. 前直拳： 前直拳对大多数人来说就是左直拳，其力量源泉依然来自右脚脚掌的蹬地发力，在打前直拳时，右脚前掌蹬地，身体重心往前，左脚适度发力。作为协调或支撑引导身体充分利用右脚蹬地产生的前冲力量。完成上半身以脊椎为轴向右的旋转。

在此过程当中左脚可适度向前移动。上半身旋转的力

量通过肩关节推动左手手臂向前运行。左上臂和左前臂的夹角，从 60° ～ 90° 变成 180° 。在此过程当中肘关节由朝下转向朝外，在夹角约为 150° 时，左拳直线向前击出，在接触目标之前，左手腕顺时针旋转，同时手握紧，力达拳面，右拳自然收回颔前，保护头部。

3. 后直拳：后直拳几乎是所有格斗技法当中排名第一的击打动作。在实战姿势下，后脚前脚掌蹬地。在一般情况下，后脚指的是右脚，身体完成蹬地转腰动作，蹬地转腰产生的力量通过肩关节传到上臂，此时肘关节朝下。在此状态下，身体旋转推动上臂和前臂向前运行，肘关节处的锐角变为一条直线。在上臂与前臂的夹角达到大约 150° 时，肘部抬起。手腕进

行逆时针旋转。启动时放松的手指紧紧握住，准备好用拳峰接触对方。当手臂向前舒展到最大时，或是在接触目标充分施加力的作用后，右手原路返回。在整个过程当中，左拳保护自己头部，左手肘部保护自己躯干。

4. 前摆拳：以格斗式站立，在实战步基础之上，上体微向右扭转，同时左臂稍抬起时，前臂内旋向前里出击，力达拳面，以鼻尖为中间线，形成一个弧度，手肘肩为一线，快打快收。

前摆拳

后摆拳

5. 后摆拳：以格斗式站立，在实战步基础之上，上体微向左扭转，同时右臂稍抬起时，前臂内旋向前里出击，力达拳面，以鼻尖为中间线，形成一个弧度，手肘肩为一线，快打快收。

6. 直摆拳组合：直摆拳组合分为两种组合方式，一种是前手直拳后手摆拳，另一种是后手直拳前手摆拳。一般来讲，前后手有主次之分，前拳为虚，后拳为实。拳与拳之间衔接连贯，注意身体协调性。

7. 原地冲刺：身体前倾，手臂快速摆动并同腿保持协调。通过一段时间训练，对爆发力有一定提高。

原地冲刺

8. 俯卧撑： 身体往前倾，双手往前撑住，双臂与地面垂直，两腿向身体后方伸展，坚持使用脚尖顶住地面，双手和两脚尖保持平衡，稍微抬头，视线往前看，让头部、脖子、后背、臀部以及双腿都处于同一直线上，准备俯卧，保持全身挺直，手臂用力，以手肘为活动点，向身体外侧弯曲，身体尽量降低，差不多靠近地板，保持腹部收紧的状态，身体还是在同一水平线上，持续 1 秒钟后，恢复原来的动作。

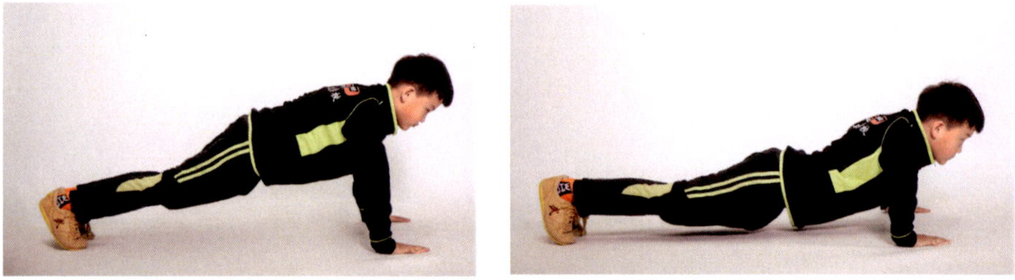

俯卧撑

六、考级标准

中国搏击协会晋升级位（地支标）12 级至 1 级标准。

级位	12级	11级	10级	9级	8级	7级	6级	5级	4级	3级	2级	1级
课时	0节	15节	20节	25节	30节	30节	40节	40节	50节	50节	60节	60节

习练者经过一段时间的训练，已经学会一些基本技术。在 12 级训练满 15 个课时以上，并能熟练掌握本级别技术动作。

注：需持有 12 级证书。

七、考级的内容

级	考点	基本技术	体能素质	品德知识
亥升戌 11 级	自信 敢于发声	实战步 前后直拳 前后摆拳 直摆拳组合	原地冲刺 俯卧撑	与狗相关的成语和典故

八、考级表

序号	项目	考级内容	分数	得分
1	日常表现	礼仪、训练、上课情况（教练打分）	10	
2	基本技术	前直拳（3 次配合发声）	10	
3		后直拳（3 次配合发声）	10	
4		前摆拳（3 次配合发声）	10	
5		后摆拳（3 次配合发声）	10	
6		直摆拳组合（2 组）	10	
7	体能素质	原地冲刺（20 秒）	10	
8		俯卧撑（10 个）	10	
9	品德知识	与狗相关的成语 3 个，并能叙述其中一个典故	10	
10	礼仪	行礼	10	
总计	考点	自信，敢于发声	100	

第三章 酉（自律）

级位	1级	2级	3级	4级	5级	6级	7级	8级	9级	10级	11级	12级
标志	子	丑	寅	卯	辰	巳	午	未	申	酉	戌	亥

酉时（北京时间17时至19时）：日入，又名日落、日沉、傍晚，意为太阳落山的时候。

太阳落山了，鸡在窝前打转，故称为“酉鸡”。

酉在搏击之位中位于10级。

一、生肖的由来

有一天，鸡王看到已封为生肖的马受人宠爱，金鞍银镫，心中十分羡慕，于是上前询问道：“马大哥，你有今天的荣誉，靠的是什么？”马回答道：“我平时耕田运物，战时冲锋陷阵，给人类立下汗马功劳，当然我应该受到爱戴。要得到人们的爱戴不难，只要你能发挥自己的长处，给人们实实在在地办点事就行了。拿已封为生肖的动物来说吧，牛能耕田，狗能守门，猪供人肉食，龙可降雨。你天生金嗓子，说不定对人类有帮助呢。”

鸡王回到家中，左思右想，终于想到了用自己的金嗓子唤醒沉睡的人们。于是每天拂晓，鸡王就早早起床，亮开嗓子歌唱，把人们从睡梦中唤醒。人们对鸡王的功劳十分感激，决定请玉帝把鸡也作为生肖赐封为神。

可当时玉帝封生肖的标准是只要走兽，不要飞禽，六畜中的马、牛、羊、狗都有份，唯独没有鸡。这下可急坏了鸡王，它急红了眼，喊粗了脖子，可是毫无结果。

一天晚上，鸡王为这事想不通在床上翻来覆去，迷迷糊糊的不知何时才睡着。睡梦中一缕幽魂直飞天宫，来到玉帝殿前，向玉帝哭诉，自己每天司晨，唤起众生，功劳最大，却不让入选属相实在想不通，说完后，泪流不止。玉帝一想鸡王的功劳实在大，于是摘下一朵殿前花戴在鸡王头

上，以示嘉奖。

鸡王醒来后发现头上真有一朵红花，于是它戴着红花去见四大天王。四大天王认出这是玉帝的“御炉红花”，知道玉帝看重鸡王，于是破格让鸡王参与生肖竞争。

到了争排生肖位的那天，鸡与狗同时起床相并而进，快到天宫时，鸡怕狗占了先，就连飞带扑地到前面去了。狗急起直追，结果一直没追上，排在鸡之后，从此狗对鸡再无好感，见到鸡就追，直到今天也余气未消，“狗撵鸡飞”的现象至今可见。而鸡呢，至今还是红脸，每天司晨，头上戴着一朵漂亮的大红花。

二、生肖的特点

鸡：自律（在此阶段要打好基础，强调对肢体的控制能力，坚持训练）。

自律是指在没有人监督的情况下，通过自己要求自己，变被动为主动，自觉地遵循法度，约束自己

的一言一行。

其身正，不令而行。——《论语》

【释义】

当一个人自身端正，作出表率时，不用下命令，他人也就会跟着行动起来。强调一个人应自律才能得到别人的拥护。

纪律和规则是我们平时工作、学习和生活中不可缺少的。买票要排队，走在马路上要遵守交通规则，甚至我们平时的一举一动都受到一定的要求和约束，否则任何事情都毫无秩序可言。但是，如果我们总在一种被要求的环境下学习和生活是很难进步的，所以我们应该学会自己约束自己、自己要求自己，变被动为主动。我们的自律并不是让一大堆规章制度来层层地束缚自己，而是用自律的行动创造一种井然的秩序来为

我们的学习生活争取更大的自由。一个意志薄弱，不能克制自己，放任自我的人，必定碌碌无为。

冰冻三尺非一日之寒，滴水穿石非一日之功，所以我们要勤学苦练，严于律己。

三、与鸡相关的小知识

【金鸡独立】

像公鸡似的用一足站立的一种中国武术姿势，也泛指用一只脚站立。

【鹤立鸡群】

像仙鹤立在鸡群之中。比喻才能或仪表出众。

【杀鸡儆猴】

杀鸡给猴子看。比喻用惩罚一个人的办法来警告别的人。

【呆若木鸡】

愣着不动，像只木头鸡。形容人痴呆或因惊恐而发愣的神态。

【鸡飞狗走】

鸡乱飞，狗乱跑。形容因极端惊恐而混乱不堪。

【鸡鸣而起】

鸡叫时就起床。形容勤奋不怠。

【凤毛鸡胆】

凤的羽毛，鸡的胆子。比喻外表英武而实际怯弱。

四、与鸡相关的小故事

闻鸡起舞

东晋的祖逖是个胸怀坦荡、具有远大抱负的人。可他小时候却是个不爱读书的淘气孩子。进入青年时代，他意识到自己知识

的贫乏，深感不读书无以报效国家，于是就发奋读起书来。他广泛阅读书籍，认真学习历史，从中汲取了丰富的知识，学问大有长进。他曾几次进出京都洛阳，接触过他的人都说，

“祖逖是个能辅佐帝王治理国家的人才。”祖逖24岁的时候，曾有人推荐他去做官，他没有答应，仍然不懈地努力读书。

后来，祖逖和幼时的好友刘琨一起担任司州主簿。他与刘琨感情深厚，不仅常常同床而卧、同被而眠，而且还有着共同的远大理想：建功立业，复兴晋国，成为国家的栋梁之材。

一次，半夜里祖逖在睡梦中听到公鸡的鸣叫声，他一脚把刘琨踢醒，对他说：“别人都认为半夜听见鸡叫不吉利，我偏不这样想，咱们干脆以后听见鸡叫就起床练剑如何？”

刘琨欣然同意。于是他们每天鸡叫后就起床练剑，剑光飞舞，剑声铿锵。冬去春来，寒来暑往，从不间断。

功夫不负有心人，经过长期的刻苦学习和训练，他们终于成为能文能武的全才，既能写得一手好文章，又能带兵打胜仗。祖逖被封为镇西将军，实现了他报效国家的愿望；刘琨做了都督，兼管并、冀、幽三州的军事，也充分发挥了他的文才武略。

木鸡养道

齐王很喜欢斗鸡，所以就请了一个以养鸡著名的纪渻子来替他养斗鸡。鸡才送走了十天，齐王就派人去问纪渻子："鸡训练好了吗？"纪渻子回答："还不行哪！那只鸡非常骄傲，不能斗胜。"可是齐王一心想要让这只鸡赶快上场比赛，所以过了十天，他又派人去问纪渻子："鸡是不是可以上场比赛了？""还没练好呢！现在这只鸡一看到对方有

所动静，它就会扑上去，这样一来，反而不会获胜。”齐王只好暂时忍耐，等了十天又问纪渻子训练完了没，纪渻子仍然回答说：“还没有呢！它看到对方会很容易发脾气，这样定不下心来是赢不了的。”

又过了十天，纪渻子终于带着那只鸡来见齐王了。“大王，这只鸡已经可以上场比赛了。不论别的鸡是如何的啼叫挑战，它绝对不会受到影响，镇定得就像一只木鸡。但是它雄壮威武的德性已经完全具备了，所以其他的鸡只要看到它，一定马上掉头跑掉，绝对不敢上前和它战斗。”

五、基本技术

1. 前勾拳： 前勾拳通常为左勾拳，在实战步的基础上，上体稍向左侧倾，重心略下沉，左拳微下落，随即左脚蹬地，上体右转，挺腹前送左髋，左拳由下向上曲臂勾击，力达拳面，右拳自然回收于颌前。

前勾拳

2. 后勾拳：后勾拳通常为右勾拳，在实战步的基础上，上体稍向右侧倾，重心略下沉，右拳微下落，随即右脚蹬地，上体左转，挺腹前送右髋，右拳由下向上曲臂勾击，力达拳面，左拳自然回收于颌前。

后勾拳

3. 前后鞭（扫）腿：在实战步的基础上，鞭腿的出击，是利用扭转腰部和轴心腿产生的惯性力，快速踢出，轴心腿与上体保持一条轴线。按传统武术理论来说，鞭腿练习应按前鞭腿与后鞭腿的方法来进行，凡是在做实战预备姿势时，在前侧的腿出鞭踢即为前鞭腿（也称小边腿）。

前后鞭（扫）腿

4. 前后正蹬腿：在实战步的基础上，以左正蹬腿为例，左势站立，身体重心稍后移，同时左腿屈膝提起，曲肩向前，脚尖上勾，随即从脚跟领先向前蹬出，力达脚跟。

5. 拳腿组合：拳腿组合是搏击进攻体系的核心。通俗地讲，就是将各种拳法（如直勾摆拳）和转身鞭拳与各种腿法（如正蹬、侧踹鞭腿）以及各种转身腿法有机地衔接在一起，多点进攻对方以达到破坏对方防守体系、重击对方的目的。在组合的过程当中，有机的衔接顺序和节奏至关重要，从上下半身的衔接来说，可以是拳腿组合，也可以是腿拳组合，在第一组组合当中拳法的进攻用于为腿法进攻创造目的，或是在拳法已经重击对手的情况下腿法继续扩大战果，破坏对方的进攻体系和防守体系，进而用拳法去重击对手。拳腿的衔接一定要紧密，从身体四肢左右分工来说可以分为同侧协调和交叉协调。通俗地讲，同侧协调就是将左手左脚或右手右脚衔接在一起，同侧协调的最大优势就是速度快，让对方来不及防守。而如果打完左拳踢右腿或是打完右拳踢左腿，这是典型的交叉进攻，交叉进攻的最大特点就是力量大，因为当打左拳时，转向右侧的身体可以为即将发起的右腿进攻产生更大的作用空间，从而产生更大的力量。同样，同侧进攻或交叉进攻，也可以完成从腿到拳的衔接，如用左腿干扰对方，随即用左拳重击对方头部。

6. 蛙跳： 两脚站立与肩宽，摆臂、收腹、下蹲协调，重心从后脚跟过渡到前脚掌起跳，两手带起，45° 起跳，腾空要高，然后收腹双脚前伸，手往后摆，脚后跟先着地。

蛙跳

7. 蹲起跳： 使用比肩宽略宽的站姿，脚尖稍微指向外侧，膝盖轻微弯曲。双手自然垂于两侧臀部位置，保持颈部自然，背部挺直，这是动作的起始位置。将臀部向后，使身体下蹲。继续下蹲直到大腿稍微低过地平线，做这个动作时吸气。到达底部之后，脚跟用力，使身体上升。蓄力足够到可以向上跳起。当在跳起的时候，保持双脚都朝内，这样落地时双脚间有大约几厘米的间隙，确保使用脚尖着地。在用脚尖着地后，双脚非常贴近，立刻让自己再起跳回到起始位置。这是一个重复动作。

蹲起跳

8. 仰卧起坐： 仰卧于垫上，两腿稍分开，屈膝呈 90°角左右，两手指交叉贴于脑后。另一同伴压住其踝关节，以固定下肢。坐起时两肘触及或超过双膝为完成。

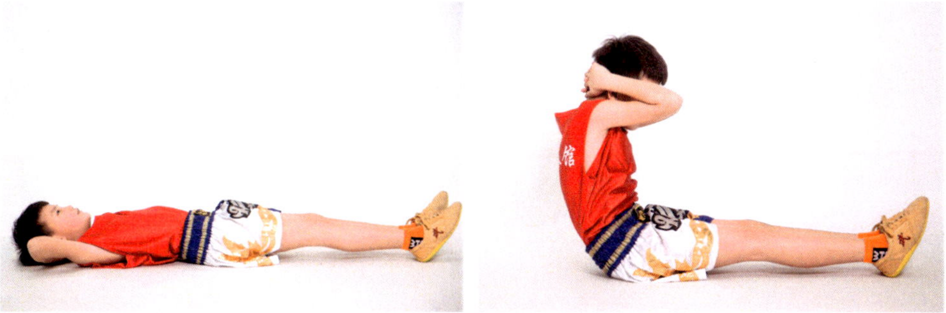

仰卧起坐

六、考级标准

中国搏击协会晋升级位（地支标）12级至1级标准。

级位	12级	11级	10级	9级	8级	7级	6级	5级	4级	3级	2级	1级
课时	0节	15节	20节	25节	30节	30节	40节	40节	50节	50节	60节	60节

习练者的技术不断上升。在11级训练满20节课时以上，并能熟练掌握本级别技术动作。

注：需持有11级证书。

七、考级的内容

级	考点	基本技术	体能素质	品德知识
戌升酉10级	自律 勇于坚持	前后勾拳 前后鞭（扫）腿 前后正蹬腿 拳腿组合	蛙跳 蹲起跳 仰卧起坐	与鸡相关的成语和典故

八、考级表

序号	项目	考级内容	分数	得分
1	日常表现	礼仪、训练、上课情况（教练打分）	10	
2	基本技术	前后勾拳（3 组配合发声）	10	
3		前后扫腿（3 组配合发声）	10	
4		前后正蹬腿(3 组配合发声）	10	
5		拳腿组合（2 组）	10	
6	体能素质	蛙跳（10 个）	10	
7		仰卧起坐（10 个）	10	
8		蹲起跳（10 个）	10	
9	品德知识	与鸡相关的成语 3 个，并能叙述其中一个典故	10	
10	礼仪	行礼	10	
总计	考点	自律，勇于坚持	100	

第四章 申（敏捷）

级位	1级	2级	3级	4级	5级	6级	7级	8级	9级	10级	11级	12级
标志	子	丑	寅	卯	辰	巳	午	未	申	酉	戌	亥

申时（北京时间15时至17时）：哺时，又名日晡、夕食等。太阳偏西了，猴子喜在此时啼叫，故称为“申猴”。

申级在搏击之位中位于9级。

一、生肖的由来

老虎在开初就以镇山之兽威名当上了兽王。当时山中百兽见了老虎都立即回避，老虎当然是既得意又感到孤独。猴子那时与老虎是邻居，二人称兄道弟，当虎王外出时，猴子便代行镇山之令。百兽慑于虎王的威风，也只好听猴子的召唤，这便是“山中无老虎，猴子称大王”的来历。一天，老虎不幸落入了猎人的网中，拼命挣扎也无法脱身，恰好猴子来了，虎王高喊救命。猴子见了，连忙爬上树，解开了猎人的网绳，救出了老虎。老虎脱险后，虽然嘴上

在不住地感谢猴子老弟，心里却在盘算：我是百兽之王，竟然中了猎人的圈套，还是小猴子搭救，这事猴子张扬出去岂不灭了我虎王的威风，不如干掉猴子算了，可是转念一想，如今自己已经是孤家寡人了，再干掉猴子，今后连一个朋友也没有了，如果再有危险，谁来帮我呢？再说，猴子怕我，也决不会把今天的事说出去的。于是，老虎告诉猴子，今天的救命之恩，今后一定报答。猴子今后有什么为难之事，自己一定全力帮助。猴子当然也对老虎遇险的事闭口不提，保全虎王的面子。在这之后，二人的关系更是非同寻常了。

许多年之后，玉帝开始选生肖。身为百兽之王，老虎理所当然地入选了生肖。猴子一见，也想当生肖。可是玉帝挑生肖有条原则，那就是对人类有功。猴子对人类无功可言，自然选不上。于是猴子请老虎向玉帝求情，让自己当生肖。老虎因为欠猴子的情，只好倾尽全力去帮猴子说情，对玉帝讲猴子灵敏机智，又说自己不在时，猴子也有镇山功劳。于是，玉帝下旨，将猴子列入生肖之中。老虎还了猴子的人情。但老虎也还是不高兴，没什么本事的猴子与自己并列为人间生肖，二人从此友情断绝。

今天，百兽自然也不怕猴子了。当然，“山中无老虎，猴子称大王”这句大实话，今天也变成了讽刺的意思。

二、生肖的特点

猴：敏捷（习练者的技术在不断上升，锻炼身体的协调能力，身形如猴子一般敏捷）。

敏捷指灵敏快捷、反应迅速，是身体素质的一种，是运动技能和各种素质在运动过程中的综合表现。可在多变的环境中迅速改变身体位置时表现出来。

猴子是一种活泼机灵、惹人喜爱的动物。它的外形十分有趣。一张桃形的面孔上，嵌着两颗闪着金光的眼睛，整天骨碌骨碌地乱转，好像在打着什么主意。那小小的鼻子又塌又扁，而鼻孔却很大。鼻子下有一张

尖尖的大嘴巴，可爱极了！它的四肢前面长后面短，长着一双锋利的爪子，如果一不小心，被它的爪子抓到的话，准会留下一条血印子。猴子活动的时候，动作十分敏捷，常常连蹦带跳的和同伴们追逐打闹，或在钢丝上倒立，玩得高兴时，还会大声尖叫。

三、与猴相关的小知识

【轩鹤冠猴】

乘轩之鹤，戴帽之猴。比喻滥厕禄位、虚有其表的人。

【猴头猴脑】

像猴子那样好动。形容行动浮躁。

【杀鸡骇猴】

杀鸡给猴子看。比喻惩罚一人以恐吓或警戒其他人。

【猿猴取月】

《僧祇律》："佛告诸比丘，过去世时，波罗奈城有五百猕猴，树下有井，井中有月，共执树枝，首尾相接，入井取月，枝折一齐死。"猿猴下井捞月，原意在说明心被欲念驱使，就没有好结果。后人以此比喻蠢人做事徒劳无功。

【跳猴弄丑】

出洋相。或指做事不认真，不老实，喜欢耍花样。

四、与猴相关的小故事

沐猴而冠

秦王朝灭亡后，项羽见在与刘邦争夺天下的楚汉战争中，自己占着优势，于是就自傲自大，想回家乡炫耀此时的身世。因为在他看来，一个人升官或发财以后，如果不回故乡夸耀一番，就好比“锦衣夜行”（穿着锦绣衣服在黑夜里行走）一样，没有人会知道这个人此时的大富大贵。楚汉之争正处在最为关键的时候，项羽这种务虚的思想观念反映了他性情的浮躁和短见的政治眼光，对他自己和楚国的前途是极为不利的，所以有人对他鄙视，气愤地说：“人们都说楚人沐猴而冠，真是说对了。”结果，该人被项羽投入鼎镬煮死。

杀鸡儆猴

有个耍猴戏的，新买了一只受过训练的猴子。这猴子可机灵了，它一听到鼓声就会跳舞，一听到锣声就会翻筋斗，可是就不听新主人的指挥。耍猴戏的使劲打鼓，使劲敲锣，猴子眨眨眼睛，一动也不动，只当没听见。耍猴戏的想了个法子，他抓了一只公鸡来，对着公鸡又打鼓，又敲锣。公鸡怎么会演戏呢，它听到鼓声锣声早吓呆了，蹲在地上动也不敢动。耍猴戏的拿

起一把刀，一刀把公鸡宰了。这一下可把猴子吓坏了。要猴戏的一打鼓，它就连忙跳舞，一敲锣，它就连忙翻筋斗，一点儿也不敢含糊。

五、基本技术

1. 前进步： 前脚（左脚）先向前进半步，后脚再跟进半步。

要点：进步步幅不宜过大，后脚跟进后保持实战姿势，进步后跟步衔接越快越好。

前进步

后退步

2. 后退步： 后脚（右脚）先后退半步，前脚再退回半步。

3. 左移步：左脚（前脚）先向左移半步，右脚（后脚）再向左跟移半步。

要点：移步后脚距与移步前一致。

左移步

右移步

4. 右移步：右脚（后脚）先向右移半步，左脚（前脚）再向右跟移半步。

要点：移步后脚距与移步前一致。

5. 前顶膝：在实战步的基础上，换步将前脚向后、后脚向前形成两脚颠起之势，同时起原前膝（现后膝）扭腰、送胯提膝前向上顶出。当膝顶至对方头

部或胸腹部时，膝原路线弹簧般收回放在前面，后退步还原成实战步。前上顶膝时，换步要快，双脚前脚掌须颠起，双手必须成下拉（向所起膝的侧面）之势，以增强膝撞击的力度。顶膝时大小腿必须夹紧，以增强膝盖的冲击力度。

6. 后顶膝：在实战步的基础上，前脚向前斜方上一小步（前脚掌垫起），同时起后脚蹬地、扭腰、顺胯提膝向上顶出。当膝顶至对方头部或胸腹部时，膝原路线弹簧般收回，后退步还原成实战步。顶膝时，支撑脚前脚掌必须垫起，双手必须成下拉（向所起膝的侧面）之势，以增强膝撞击的力度。顶膝时大小腿必须夹紧，以增强膝盖的冲击力度。

7. 拳腿组合：拳腿组合是搏击进攻体系的核心。通俗地讲，就是将各种拳法（如直勾摆拳）和转身鞭拳与各种腿法（如正蹬、侧踹鞭腿）以及各种转身腿法有机地衔接在一起的多点进攻对方以达到破坏对方防守体系、重击对方的目的。在组合的过程当中，有机的衔接顺序和节奏至关重要，从上下半身的衔接来说，也可以是拳腿组合，可以是腿拳组合。在第一组组合当中拳法的进攻用于为腿法进攻创造目的，或是在拳法已经重击对手的情况下腿法继续扩大战果，破坏对方的进攻体系和防守体系，进而用拳法去重击对手。拳腿的衔接一定要紧密，从身体四肢左右分工来说可以分为同侧协调和交叉协调。通俗地讲，同侧协调就是将左手左脚或右手右脚衔接在一起，同侧协调的最大优势就是速度快，让对方来不及防守。而如果打完左拳踢右腿或是打完右拳踢左腿，这是典型的交叉进攻，交叉进攻的最大特点就是力量大，因为当打左拳时，转向右侧的身体可以为即将发起的右腿进攻产生更大的作用空间，从而产生更大的力量。同样，同侧进攻或交叉进攻，也可以完成从腿到拳的衔接，如用左腿干扰对方，随即用左拳重击对方头部。

8. 移动打靶： 由两个人配合，一人执靶，一人做进攻和防守打靶训练。在打靶过程当中，执靶人员不停地利用身体的移动以及执靶的角度、方位来变换靶的位置，同时做出相应的反击动

作，以提高打靶训练人员的技术动作的使用和攻击、防守的转换，提升打靶人员的反应意识。

注意要点：执靶人员应具有主动性，打靶人员需配合被动接受，不可本末倒置，形成抢靶现象。

9. 跳绳：一人或众人在一根环摆的绳中做各种跳跃动作。这种游戏唐朝称为“透索”，宋朝称为“跳索”，明朝称为“跳百索”“跳白索”“跳马索”，清朝称为“绳飞”，清末以后称为“跳绳”。

10. 往返反应跑：在固定场地内一个人不间断地随时发出口令，另一训练学员全力向前冲刺，听到口令后，立马折返，直到发令者喊停为止。发令者不要给出任何征兆，用以训练被训者的反应意识。

11. 敏捷梯动作：

（1）前进小碎步：前脚掌着地，每步落在小方格以内，要求轻快、节奏感强，脚踝有弹性。

（2）横向小滑步：身体横向站立开始，两脚平行滑动，依次落入小方格内。同样，轻盈快速，保持前脚掌着地。

（3）前前后后：身体横向站立开始，两脚依次踏入小方格内，再依次踏出小方格。

（4）进进出出：一脚先进，另一脚再进。接着，一脚先出，另一脚再出。要求轻快、流畅。

（5）两进两出：一脚先进，另一脚再进，同时横向滑动一格。接着，一脚先出，另一脚再出，同时在外横向活动一格。要求轻快、流畅。

（6）并步小跳接小碎步：先连续五个并步小跳，再接小碎步跑。

（7）外内外：双脚从绳梯外开始，从左向右横向依次进入方格内，再依次踏出方格。反向同理。

（8）前后交叉步：交叉步不用多说，问题是，必须一前一后地交叉，步法准确。

（9）一外一内：设定一只脚在外前行，另一只脚每一方格进入一次。

（10）蝎子摆尾：后脚向前踏进方格，前脚跟进后横向甩出方格侧后方。

六、考级标准

中国搏击协会晋升级位（地支标）12 级至 1 级标准。

级位	12级	11级	10级	9级	8级	7级	6级	5级	4级	3级	2级	1级
课时	0节	15节	20节	25节	30节	30节	40节	40节	50节	50节	60节	60节

习练者的技术不断上升。在 10 级训练满 25 节课时以上，并能熟练掌握本级别技术动作。

注：需持有 10 级证书。

七、考级的内容

级	考点	基本技术	体能素质	品德知识
酉升申9级	敏捷 协调能力	前进步后退步 左移步右移步 左右腿提膝 拳腿组合 移动打靶	跳绳 往返反应跑 敏捷梯动作	与猴相关的成语和典故

八、考级表

序号	项目	考级内容	分数	得分
1	日常情况	礼仪、训练、上课情况（教练打分）	10	
2	基本技术	前进步，后退步（各2组）	10	
3	基本技术	左滑步，右滑步（各2组）	10	
4	基本技术	左右腿提膝（2组）	10	
5	基本技术	移动打靶（2组）	10	
6	体能素质	跳绳（30个）	10	
7	体能素质	往返反应跑（5次）	10	
8	体能素质	敏捷梯（10个）	10	
9	品德知识	与猴相关的成语3个，并能叙述其中一个典故	10	
10	礼仪	行礼	10	
总计	考点	敏捷，协调能力	100	

第五章 未（感恩）

级位	1级	2级	3级	4级	5级	6级	7级	8级	9级	10级	11级	12级
标志	子	丑	寅	卯	辰	巳	午	未	申	酉	戌	亥

未时（北京时间13时至15时）：日昳，又名日跌、日央等，太阳偏西为日跌。有的地方此时称为“羊出坡”，意思是放羊的好时候，故称为“未羊”。

未在搏击之位中位于8级。

未

一、生肖的由来

在中国民间传说中，羊是一位同希腊神话中的普罗米修斯一样伟大的人物，普罗米修斯因盗天火给人间而被锁在高加索山脉的岩石上，羊则因盗五谷种子给人间而舍生取义。

在远古洪荒时代，人间是没有五谷的，人类靠野菜和野草为生，严重的营养不良，使人类面黄肌瘦。

有一天，一只神羊从天宫来到凡间，发现人类面有菜色，神情萎靡，问及原因，才知道人类不种粮食，连什么叫粮食也不知道。神羊善心大发，当即告诉人们下次一定给他们带些粮种来。原来当时只有天宫御田里才种营养丰富的粮食。吝啬的玉帝不愿把粮食的美味给人类分享。神羊回到天宫后，趁半夜守护天神熟睡之际，偷偷溜进御田，摘下五谷（稻、稷、麦、豆、麻），含在口中，趁天未亮溜至凡间。人类听说神羊给他们带来了五谷种子，

都十分好奇。神羊把种子交给人类，又吩咐了种植五谷的方法，就悄悄地回到天宫去了。

人类播下五谷种子，当年就长出了庄稼。在收获时，人类见到五谷的穗，既似羊头，又像羊尾，收获的粮食又香又甜，收获的麻织成的衣裳又轻又暖。人们在秋收冬藏之后，便举行了盛大的祭祀仪式，以感谢神羊的送种之恩。这类秋收冬藏的农家祭祖仪式至今仍有部分农村在举行。

盛大的祭祀仪式惊动了玉帝，查明情况后，玉帝命令天宫宰羊于人间，并要人们吃掉羊肉。

第二年奇怪的事发生了，在神羊行刑的地方，先是长出了青草，后来长出了羊羔，羊从此在人间传宗接代，以吃草为生，把自己的肉、奶无私地贡献给人类，人类则出于对羊舍身的感谢，每年都举行腊祭，以示纪念。

当人类听说玉帝要挑十二种动物为人类生肖，并赐为神之后，一致推举羊作为生肖。尽管玉帝对羊盗谷之事耿耿于怀，但难拗众人意见，只好同意羊当上了生肖。

二、生肖的特点

羊：感恩（习练者的技术在不断完善。要学会习武习德，懂得感恩）。

感恩指对别人所给的帮助表示感激，怀着感谢他人施予自己恩惠的心情对待他人或者去回馈社会，尤其是对有养育之恩的父母心怀感激。

鸦有反哺之义，羊有跪乳之恩。

【释义】

小乌鸦有衔食喂老乌鸦的情义，羊羔有跪下接受母乳的感恩举动，做子女的更要懂得孝顺父母。

感恩是一种处世哲学，也是生活中的大智慧。学会感恩，为自己已有的而感恩，感谢生活给予你的一切。这样你才会有一个积极的人生观，才会有一种健康的心态。感恩，说明一个人对自己与他人和社会的关系有着正确的认识。不管你生活在何地何处，或是你有着怎样特别的生活经历，只要你胸中常常怀着一颗感恩的心，随之而来的，就必然会不断地涌动着诸如温暖、自信、坚定、善良等美好的处世品格。感恩是一种对恩惠心存感激的表示，是一种不忘他人恩情的萦绕心间的情感。学会感恩，是为了擦亮蒙尘的心灵而不至麻木；学会感恩，是为了将无以为报的点滴付出永铭于心；最重要的，是感恩为我们的成长付出毕生心血的父母双亲。

三、与羊相关的小知识

【使羊将狼】

派羊去指挥狼。比喻不足以统率指挥。也比喻使仁厚的人去驾驭强横而有野心的人，这要坏事。

【买王得羊】

①谓想买王献之的字，却得到了羊欣的字，意为差强人意。

②指摹仿名人的字画虽然逼真而终差一等。

【歧路亡羊】

在岔道上跑丢了羊。比喻人生道路复杂，掌握不好方向会误入歧途，以致难以达到预期目的。

【羊入虎群】

清代蒲松龄《聊斋志异·邵九娘》：“窃意羊入虎群，狼藉已不堪矣。”比喻好人落入坏人的手中，处境极端危险。

【问羊知马】

《汉书·赵广汉传》:“钩距者，设欲知马贾，则先问狗，已问羊，又问牛，然后及马，参伍其贾，以类相准，则知马之贵贱不失实矣。”后以“问羊知马”谓从旁推究，得以明白事情真相。

【驱羊攻虎】

驱赶羊群去进攻老虎。形容以弱敌强，力量悬殊，必遭覆灭。

四、与羊相关的小故事

亡羊补牢

从前，有一个农夫家里养了十多只羊。白天，农夫赶着羊群到山上吃草；傍晚，农夫将羊群赶回羊圈，清点对数后，他才安心去睡觉。

一天下起大雨，雨水把羊圈冲坏了，羊圈上出了一个窟窿。农夫发现后没有立即动手修补羊圈，他想等哪天有空时再补吧。

第二天早上，农户准备去放羊，刚走到羊圈，他发现羊圈上的窟窿更大了，羊也少了一只。他突然意识到昨晚可能有狼进来把羊叼走了。农夫非常心痛自己丢失的羊，他找了半天也没有找到羊，看到地上的血迹后，他才明白羊是被狼吃了。

好心邻居知道后，告诉农夫应该赶快把羊圈上的洞修补好，否则，会有更多的羊被狼吃掉。

农夫接受邻居的建议，他立即找来一些木材，将羊圈的窟窿修补好。修补后的羊圈比以前更结实更坚固了，羊圈里的羊再也没有丢失过。

羊羔跪乳

很早以前，一只母羊生了一只羊羔。

羊妈妈非常疼爱小羊，晚上睡觉让它依偎在身边，用身体暖着小羊，让小羊睡得又熟又香。白天吃草，又把小羊带在身边，形影不离。遇到别的动物欺负小羊，羊妈妈用头抵抗来保护小羊。

一次，羊妈妈正在喂小羊吃奶。一只母鸡走过来说：“羊妈妈，近来你瘦了很多。吃的东西都让小羊咂了去。你看我，从来不管小鸡的吃喝，全由它们自己去扑闹哩。”羊妈妈讨厌母鸡的话，就不客气地说：“你多嘴多舌搬弄是非，到头来犯下拧脖子的死罪，还得挨一刀，对你有啥好处？”气走母鸡后，小羊说：“妈妈，您对我这样疼爱，我怎样才能报答您的养育之恩呢？”羊妈妈说：“我什么也不要你报答，只要你有这一片孝心就心满意足了。”小羊听后，不觉下泪，“扑通”跪倒在地，表示难以报答慈母的一片深情。

从此，小羊每次吃奶都是跪着。它知道是妈妈用奶水喂大它的，跪着吃奶是感激妈妈的哺乳之恩。

五、基本技术

1. 空击：又叫击影，是搏击系列当中发展协调和速度至关重要的一环。武术里面的各种拳术套路，跆拳道里面的起势，本质上都是空击。在空击当中能够有效地构思对手的形象以及技术动作是相当重要的。你可以把对手想象成身高臂长占优势的选手，也可以想象成个子矮壮出拳相当有力度的重炮手。接下来要做的就是根据对方的防守和进攻做出来自己相应的进攻防守动作。你的想象应该是如此逼真，以至于任何一个观看你空击的人都分明感觉到你在跟真实的对手做战斗。在空击的过程当中要把握好速度，把握好脚下的移动，把握好节奏。如果是三分钟的空击，还应合理地分配体能。在空击的过程当中应该有效地加入一些环节，强化自己的进攻武器，同时弥补自己的短板。

2. 规定动作打沙袋：可让人扶住沙袋，习练者准确地击打。此为初级阶段，以此可使习练者体会拳脚发力。不明要领发力错误者，在此阶段常易被反作用力顶倒；出拳不明发力者，容易发现自己推击弊病或击打无力，站在上前一步击中沙袋的位置上步击打，借以体会距离、全身整体用力、穿透力、鞭击力、震荡发力等。如能完成具有明显功力的击打，则上升为打活动沙袋。

3. 组合动作打沙袋： 进行组合击打，可先打一二手直拳，逐步过渡到多次击打。在击打中，要有轻重缓急变化。尤其是手脚连击密度，不宜形成手是手、脚是脚。连环打击，手收脚出、脚收手出、紧密连贯，如行云流水一气呵成。

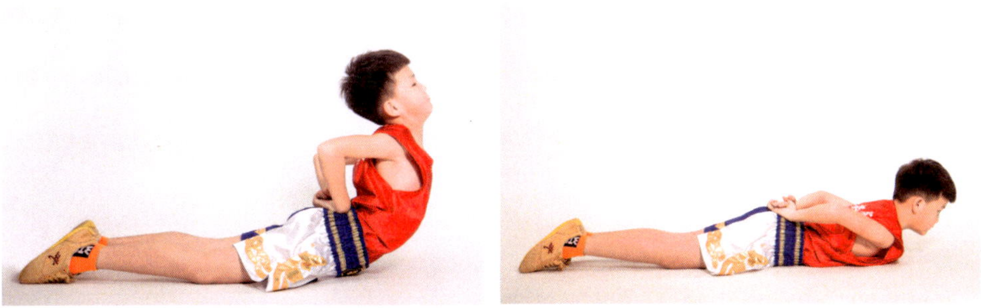

背肌

4. 背肌： 习练者匍匐于垫面，双手背于腰后。另一同伴压住其小腿，做挺身上下起伏动作。

六、考级标准

中国搏击协会晋升级位（地支标）12 级至 1 级标准。

级位	12级	11级	10级	9级	8级	7级	6级	5级	4级	3级	2级	1级
课时	0节	15节	20节	25节	30节	30节	40节	40节	50节	50节	60节	60节

习练者的搏击技术在不断完善。并学习习武习德的精神。在9级训练满30节课时以上，并能熟练掌握本级别技术动作。

注：需持有9级证书。

七、考级的内容

级	考点	基本技术	体能素质	品德知识
申 升 未 8级	感恩 品德礼仪	拳腿空击 规定动作打沙袋 组合动作打沙袋	俯卧撑 背肌 仰卧起坐	与羊相关的成语和典故，背诵武德训

武德训：夫武德者，武之宗也。古人谓：未曾学艺先学礼，未曾习武先习德。缺德者，不可予之学；丧礼者，不可教之武。习者应不谋利而秉大义，不畏强而舍己身。言，当守谦慎；行，须善始终。平常本虚怀若谷，讲礼守信；习艺以精益求精，持之以恒。竖高尚之武德，以武强身，以德养性。

八、考级表

序号	项目	考级内容	分数	得分
1	日常情况	礼仪、训练、上课情况（教练打分）	10	
2	基本技术	拳腿攻击（10 秒）	10	
3		规定动作打沙袋　（3 个）	10	
4		组合动作打沙袋　（3 组）	10	
5	体能素质	背肌（10 个）	10	
6		俯卧撑（15 个）	10	
7		仰卧起坐（20 个）	10	
8	品德知识	背诵武德训	10	
9		与羊相关的成语 3 个，并能叙述其中一个典故	10	
10	礼仪	行礼	10	
总计	考点	感恩，品德礼仪	100	

第六章 午（速度）

级位	1级	2级	3级	4级	5级	6级	7级	8级	9级	10级	11级	12级
标志	子	丑	寅	卯	辰	巳	午	未	申	酉	戌	亥

午时（北京时间11时至13时）：日中，又名日正、中午等。古时野马未被人类驯服，每当午时，四处奔跑嘶鸣，故称为“午马”。

午在搏击之位中位于7级。

一、生肖的由来

传说古时的马有双翅，叫天马，它地上会跑、水中能游、天上能飞，是一种极有威力的动物，后来它在玉帝殿前做了御马。天马因玉帝宠爱，渐渐骄横起来，时常胡作非为。一日，天马出天宫直奔东海要硬闯龙宫。守宫门的神龟及虾兵蟹将一起阻挡，天马恼羞成怒，飞腿踢死了神龟。此事告到天宫，玉帝便下令削去天马双翅，并压在昆仑山下，300 年不许翻身。

200 多年后，人类始姐——人祖，要从昆仑山经过，天宫玉马园的神仙便给天马透了信，并告诉天马如何才能从昆仑山下出来。当人祖经过时，天马大喊道："善良的人祖，快来救我，我愿同您去人世间，终生为您效力。"人祖听了，生出同情之心，便依天马所言，砍去了山顶上的桃树，只听一声巨响，天马从昆仑山底一跃而出。

天马为了答谢人祖救命之恩，同人祖来到人世间，终生终世为人祖效劳，平时耕地拉车、驮物，任劳任怨，战时披甲备鞍征战沙场，同主人出生入死，屡建战功。从此，马和人就成了形影不离的好朋友，当玉帝准备挑选十二种动物为生肖时，马成了人类最先推选的动物之一。玉帝也因马立功赎罪有助于人而允许马当上了生肖。

二、生肖的特点

马：速度（习练者的水平处于调整期。动作像马奔跑的速度一样，要加强提升）。

速度指自身运动的快慢程度。

马的头面平直而偏长，耳短，四肢长，骨骼坚实，肌腱和韧带发育良好，附有掌枕遗迹的附蝉（俗称夜眼），蹄质坚硬，能在坚硬地面上迅速奔驰。毛色复杂，以骝、栗、褐、青和黑色居多。

马的皮毛春、秋季各脱换一次。汗腺发达，有利于调节体温，不畏严寒酷暑，容易适应新环境。胸廓宽广，心肺发达，适于奔跑和剧烈劳动。马是站着睡觉的。

三、与马相关的小知识

【马牛襟裾】

马、牛穿着人衣。比喻人不懂得礼节，也比喻衣冠禽兽。

【驷马高盖】

套着四匹马的高盖车。旧时形容有权势的人出行时的阔绰场面，也形容显达富贵。

【短衣匹马】

短衣为古代平民、士兵等的服装。穿着短衣，骑一匹骏马。形容士兵英姿矫健的样子。

【下马看花】

跨下马来细细地观

赏花朵。多比喻做工作深入实际地调查研究。

【盲人瞎马】

失明的人骑着瞎了眼的马。比喻处于极端危险的境况中。也比喻乱闯瞎撞，非常危险。

【万马奔腾】

像无数匹马奔跑跳跃。形容群众性的活动声势浩大或场面热烈。

【塞翁失马】

《镜花缘》第七回："处士有志未遂，甚为可惜，然塞翁失马，安知非福？"比喻虽然一时受到损失，反而因此能得到好处。也指坏事在一定条件下可变为好事，反之亦然。

形容人的心态，一定要乐观向上，任何事情都有两面性，不好的一面有可能向好的一面转化。

四、与马相关的小故事

天马行空

相传汉武帝时期，在西域有一匹马叫作天马。天马四肢健壮，腿脚灵敏，因此没人可以抓住它。后来人们在山脚下放了一匹五彩马，不久它与天马配对生出了很多匹小马。据说这种马出的汗是赭石色的，马蹄踏在石头上可以形成深深的坑。不久这个消息传到汉武帝耳中，汉武帝十分高兴，便派使者通过丝绸之路送去百匹绸缎以换得一匹小马。可是西域人认为这马万万不能送，于是就将使者赶了回去。汉武帝十分生气，于是发兵攻打西域，终于得到了一匹小马。

伯乐相马

伯乐本来的名字叫孙阳，他是春秋秦穆公时的人，很会辨别马匹的好坏，是著名的相马师，所以人们叫他伯乐（天上星宿名称，传闻专管天马）。有一次，伯乐经过虞阪，看见一匹千里马，眼睛一亮。但是这匹马却被人当成劣马，用来拉车，伯乐觉得十分的痛心，不禁泪如雨下。这匹马仿佛也知道伯乐很同情它，口吐白沫，连连嘶叫起来。伯乐有一个朋友名叫方九皋，也很会相马，有一次，他找来了一匹骏马，告诉秦穆公说这是黄色的雌马。秦穆公牵来一看，却是一匹栗色的雄马不禁大失所望。事后，秦穆公对伯乐说方九皋连雄马、雌马以及毛色都分不清楚，怎么可能看得出马的好坏呢？伯乐不以为然，他认为方九皋看重马的内在精神，而不重外形。秦穆公听了，再牵出马仔细地察看，果然是天下最好的马。

五、基本技术

1. 连续击拳打靶： 一人执靶，一人连续直拳击打，不用刻意注重力量。主要体现连续击拳的速度、准确度、协调性和连续性。

2. 左右踢腿打靶： 一人执双靶，一人连续左右踢腿，不用刻意注重力量，主要体现左右连续踢腿的速度、准确度、协调性和连续性。

左右踢腿打靶

连续扫腿打靶

3. 连续扫腿打靶： 一人执双靶，一人左侧或右侧连续扫腿。不用刻意注重力量，主要体现扫腿的速度、准确度、协调性和连续性。

4. 高抬腿： 高抬腿分为以下两种：原地高抬腿，是运动者的位置大致不发生变化的高抬腿运动；高抬腿跑，运动者在交替抬腿的同时向前（快速）移动。

六、考级标准

中国搏击协会晋升级位（地支标）12 级至 1 级标准。

级位	12级	11级	10级	9级	8级	7级	6级	5级	4级	3级	2级	1级
课时	10节	15节	20节	25节	30节	30节	40节	40节	50节	50节	60节	60节

习练者的水平处于调整期。在 8 级训练满 30 节课时以上，并能熟练掌握本级别技术动作。

注：需持有 8 级证书。

七、考级的内容

级	考点	基本技术	体能素质	品德知识
未升午7级	速度 操控能力	连续击拳打靶 左右踢腿打靶 连续扫腿打靶	冲刺 高抬腿	与马相关的成语和典故

八、考级表

序号	项目	考级内容	分数	得分
1	日常情况	礼仪、训练、上课情况（教练打分）	10	
2	基本技术	连续击拳打靶（20 拳）	10	
3		左右踢腿打靶（20 个）	20	
4		连续扫腿打靶（20 个）	20	
5	体能素质	冲刺（20 米）	10	
6				
7		高抬腿（100 个）	10	
8				
9	品德知识	与马相关的成语 3 个，并能叙述其中一个典故	10	
10	礼仪	行礼	10	
总计	考点	速度，操控能力	100	

第七章 巳（柔韧）

级位	1级	2级	3级	4级	5级	6级	7级	8级	9级	10级	11级	12级
标志	子	丑	寅	卯	辰	巳	午	未	申	酉	戌	亥

巳时（北京时间9时至11时）：隅中，又名日禺等，临近中午的时候称为隅中。大雾散去，艳阳高照，蛇类出洞觅食，故称为“巳蛇”。

巳在搏击之位中位于6级。

巳

一、生肖的由来

很久以前，蛇和青蛙是朋友，那时蛇长有四条腿，而青蛙却没有腿，靠肚子蠕动爬行。蛇好吃懒做，青蛙却十分勤快，它不但要捉虫给蛇吃，还帮助人们捕害虫。因此人类当然厌恶蛇，喜欢青蛙了。

蛇发现人们讨厌它，就开始仇视人，它见人就咬、见畜就吃，弄得人间很不安宁。土地神见状，告到了天宫。

玉帝将蛇传上天宫，劝它改恶从善，蛇却口出狂言，绝无悔改之意。玉帝大怒，令神兵砍去蛇的四条腿，免得

害人，从此，蛇就失去了四条腿。玉帝又见青蛙有功于人，将蛇的四条腿赐给了青蛙。

青蛙有了腿之后，更为勤快了。蛇知错改过，决心重新改造自己。蛇开始吃害虫，并拖着长长的躯体，一声不响地为人类做好事；蛇还跟着龙学治水；蛇死后将自己的躯体献给人类，作为药物救治了许多病人。玉帝见蛇知过能改，奋发向上，在册封十二生肖时，让它排在龙的后面，当上了人类的生肖。

蛇当上生肖以后，当然更不主动伤人了，一旦恶念萌发，它便将恶念化成一层皮蜕下，以示重新做人。尽管如此，它还是对青蛙拥有它的四条腿怀恨在心，因此，直到今天，蛇还是见青蛙就咬。青蛙自知占了蛇的便宜，于是见了蛇就会吓得发抖，急急忙忙地躲开。

二、生肖的特点

蛇：柔韧（习练者的搏击技术逐渐成熟，身体基础条件在提高）。

柔韧指柔软和韧性，是人体关节活动幅度以及关节韧带、肌腱、肌肉、皮肤和其他组织的弹性和伸展能力。

柔韧性的训练贵在坚持。中国武术有俗语："打拳不溜腿，一世冒失鬼""练功不练腰，终究艺不高"。

练习柔韧性可促进身体健康和体形完美，也可以减少身体受伤的危险性。大多日常损伤和运动导致的伤害都是外部伤害，或者是关节扭伤，肌肉及相关组织的过度拉伸引起的拉伤。坚持科学规律的柔韧性训练的武术运动员，比缺乏柔韧性锻炼的人受伤的可能性要小。

柔韧性练习就是一种很好的热身或放松运动。练习柔韧性还可提高神经系统与肌肉组织的协调性。做完某项运动后立即开始柔韧性训练，能使疲惫的身体尽快得到恢复。

三、与蛇相关的小知识

【一龙一蛇】

忽而像龙的出现，忽而像蛇的蛰伏变化多端。比喻人的处藏或出或处，或显或隐，随着情况的不同而变更。

【杯弓蛇影】

把酒杯中的弓影当成了蛇。比喻因疑神疑鬼而自惊自怕。

【斗折蛇行】

像北斗星一样弯曲，像蛇一样曲折行进。形容道路曲折蜿蜒。

【飞鸟惊蛇】

像飞鸟入林，受惊的蛇窜入草丛一样。形容草书自然流畅。

【打草惊蛇】

打草时惊动伏在草中的蛇。原比喻惩治甲方以警告乙方，或甲受到打击惩处使乙感到惊慌。后多比喻行动不慎不严密而惊动对方。

四、与蛇相关的小故事

画蛇添足

楚国有个贵族，在祭祀过祖先后，把一壶祭酒赏给门客们喝。

门客们拿着这壶酒，不知如何处理。他们觉得，这么多人喝一壶酒，肯定不够，还不如干脆给一个人喝，喝得痛痛快快还好些。可是到底给谁好呢？于是，门客们商量了一个主意，就是每个人各自在地上画一条蛇，谁先画好了这壶酒就归谁喝。

门客们一人拿一根小棍，开始在地上画蛇。有一个人画得很快，不一会儿，他就把蛇画好了，于是他把酒壶拿了过来。他正要喝酒时，瞅见其他人还没把蛇画完，他便十分得意地又拿起小棍，自言自语地说："看我再来给蛇添上几只脚，他们也未必画完。”边说边给画好的蛇画脚。

不料，这个人还没给蛇画完脚，手上的酒壶便被旁边一个人一把抢了过去，原来，那个人的蛇画完了。这个给蛇画脚的人不依，说：“我最先画完蛇，酒应归我喝！”那个人笑着说：“你到现在还在画，而我已完工，酒当然是我的！”画蛇脚的人争辩说：“我早就画完了，现在是趁时间还早，不过是给蛇添几只脚而已。”那人说：“蛇本来就没有脚，你要给它添几只脚那你就添吧，酒反正你是喝不成了！”

那人毫不客气地喝起酒来，这个给蛇画脚的人却眼巴巴看着属于自己而现在已被别人拿走的酒，后悔不已。

杯弓蛇影

晋朝人乐广曾经请朋友到家里喝酒。当那个朋友喝了一口酒，正准备把杯子放到桌上的时候，突然看见杯子里漂着一条小蛇，心里就有点不安，不过还是勉强喝了那杯酒。

回家之后，那个朋友就生了病。乐广派人去问候他，才知道生病原因是他怀疑那杯酒里有小蛇。所以，乐广很仔细地观察了自己家一遍，追究事情的缘由。后来，他发现墙上挂了一把弓，弓的影子倒映在酒杯里看起来很像一条小蛇。

后来，他再把那个朋友请到家里，让他看清楚墙上的弓，再请他看看杯子里的东西。最后，他的朋友明白杯子里并没有小蛇的时候，病立刻就好了。

五、基础技术

1. 执靶移动躲闪：两人配合，一人执靶，一人做出进攻动作，执靶人员根据对方动作做出移动防守或利用身体条件上下蹲起、前后左右摇摆等躲闪动作。

注意要点：打靶人员主动强攻，执靶人员被动格挡、躲闪、防守，以训练执靶人员的身体灵活性和反应为主。

2. 正踢腿：挺胸、直腰，踢腿时脚尖勾起绷落或勾起勾落。收髋猛收腹，踢腿过腰后加速，要有寸劲。

正踢腿

里合腿

3. 里合腿：若踢右腿，右腿就应该从右方 45° 起腿（大于 45° 更好，不应小于 45° ，踢的弧度要像一把扇子一样，而且腿一定要伸直）向上踢，达到腿的极限高度的时候，迅速向左侧压腿，同时要用左手掌心击打右脚脚掌，落地要稳，而且和左脚并齐。若踢左腿，左腿就应该从左方 45° 起腿（大于 45° 更好，不应小于 45° ，踢的弧度要像一把扇子一样，而且腿一定要伸直）向上踢，达到腿的极限高度的时候，迅速向右侧压腿，同时要用右手掌心击打右脚脚掌，落地要稳，而且和右脚并齐。

4. 外摆腿： 若踢右腿，右腿应该从左方 45° 起向上起腿，达到腿的极限高度的时候，向右压腿，压腿的同时用双手击打脚面（踢右腿，就是在右耳旁击打，踢左腿就是在左耳旁击打），落地要稳，而且和左脚并齐。若踢左腿，左腿应该从右方 45° 起向上起腿，达到腿的极限高度的时候，向左压腿，压腿的同时用双手击打脚面（踢左腿，就是在左耳旁击打，踢右腿就是在右耳旁击打）。落地要稳，而且和右脚并齐。

竖叉

5. 竖叉： 腿前后分开成一字形，双手撑地，使上身正直，而后努力使身体向下振压，至两腿前后分开至一条线坐于地下为合格。

6. 横叉：腿左右分开成一字形，双手在体前撑地，使上身正直，而后努力使身体向下振压，至两腿左右分开成一线并坐于地下方为合格。

侧踢腿

7. 侧踢腿：侧踢腿与正踢腿类似，但不同的是路线是经身体侧面上踢往头顶。身体直立，两手向左右平肩伸出挑掌，右腿出小半步伸直支撑，脚尖外摆；左腿挺直沿体侧向脑后勾脚上踢，左掌收回护在右肋上，右掌上行护头顶，称为左侧踢腿。左侧踢腿落步脚尖外摆，即可接打右侧踢腿。

动作要领：

（1）注意起步支撑腿脚尖外摆。

（2）注意正身转头，外旋开胯，路线走肩后往脑后踢。

（3）注意三直一勾（挺胸直腰，支撑腿和踢腿要直，踢腿要勾脚），踢到快过肩（后半程）加速。

六、考级标准

中国搏击协会晋升级位（地支标）12级至1级标准。

级位	12级	11级	10级	9级	8级	7级	6级	5级	4级	3级	2级	1级
课时	0节	15节	20节	25节	30节	30节	40节	40节	50节	50节	60节	60节

随着不断的训练，习练者的搏击技术逐渐成熟。在7级训练满30节课时以上，并能熟练掌握本级别技术动作。

注：需持有7级证书。

七、考级的内容

级	考点	基本技术	体能素质	品德知识
午升巳6级	柔韧 素质基础	执靶移动躲闪	正踢侧踢 里合外摆 竖叉横叉	与蛇相关的成语和典故

八、考级表

序号	项目	考级内容	分数	得分
1	日常表现	礼仪、训练、上课情况（教练打分）	10	
2	基本技术	执靶移动躲闪（10 秒）	10	
3		正踢腿（6 个）	10	
4	体能素质	侧踢腿（6 个）	10	
5		里合腿（6 个）	10	
6		外摆腿（6 个）	10	
7		横叉	10	
8		竖叉	10	
9	品德知识	与蛇相关的成语 3 个，并能叙述其中一个典故	10	
10	礼仪	行礼	10	
总计	考点	柔韧，素质基础	100	

第八章 辰（自立）

级位	1级	2级	3级	4级	5级	6级	7级	8级	9级	10级	11级	12级
标志	子	丑	寅	卯	辰	巳	午	未	申	酉	戌	亥

辰时（北京时间7时至9时）：食时，又名早食等，古人“朝食”之时也就是吃早饭时间。此时一般容易起雾，传说龙喜腾云驾雾，又值旭日东升，蒸蒸日上，故称为“辰龙”。

辰在搏击之位中位于5级。

辰

一、生肖的由来

据说，远古时代的龙是没有角的，那时的龙生活在地上。它凭着身强体壮，能飞善游，想当属相，也想当兽王，取代虎的地位。于是，人间产生了龙虎斗，结果是难分难解。最后，玉帝觉得它们斗得太不像话，下旨叫它们来天宫评理。临行时，龙想到自己虽然高大，却不及老虎威风，怕玉帝小看自己，当不上兽王也排不上属相。这时，龙的小弟蜈蚣出主意说：“公鸡有一对漂亮的角，不妨借来戴上，这一定会给龙大哥添几分威风。”龙听大喜，便同蜈蚣来

找公鸡借角。

公鸡听说龙要借它的角，死活不肯。龙一见急了，对天发誓道：“如果我不还你的角，回陆地就死。”蜈蚣也在一旁担保道：“如果龙大哥不还你的角，你一口把我吃掉。”公鸡见蜈蚣作保便把角借给了龙。

龙和虎到了天宫，玉帝见龙和虎都十分威风，便下令龙虎都作兽王，虎为陆地百兽之王，龙作水中水族之王。虎既然可以当属相，龙也可以成为属相，只不过得在后面一些。于是，龙和虎皆大欢喜，告辞玉帝回到凡间。回来后，龙心里想，如果把角还给公鸡，水族们见我这么丑能服我管吗？于是决定不还公鸡的角，一头扎进水中，再也不上陆地了。

公鸡见龙不还角，气得满脸通红，也迁怒于蜈蚣，蜈蚣吓得从此钻进石缝中。今天我们还可以见到，公鸡的脸总是红的，蜈蚣也难得爬出地面，公鸡见到蜈蚣总是一口一个吃掉，而蜈蚣呢，再也没有到陆地上来了。

二、生肖的特点

龙：自立（习练者的水平已经具备相当的攻击能力，增强独立自主意识）。

自立是指自我独立，自己的事情自己做，不依赖别人自我完成一件事等，也指有自己的主见、主意，不需依赖他人。自持自守，不为外力所动。

力行以待取，其自立有如此者。——《礼记·儒行》

【释义】

依靠自己的力量有所成就。

自立首先要确立靠自己不靠别人的观念，与一味依附别人的心理彻底决裂，与依赖别人恩赐的侥幸心理划开界限，把争取个人利益和幸福，放在自己努力的基础上。自己的利益自己争取，不求别人代办，不求别人恩赐。这是因为，由别人争取来的利益不是真正意义上的个人利益，所以，自立，是自己对自己负责，自己承担对自己的责任，

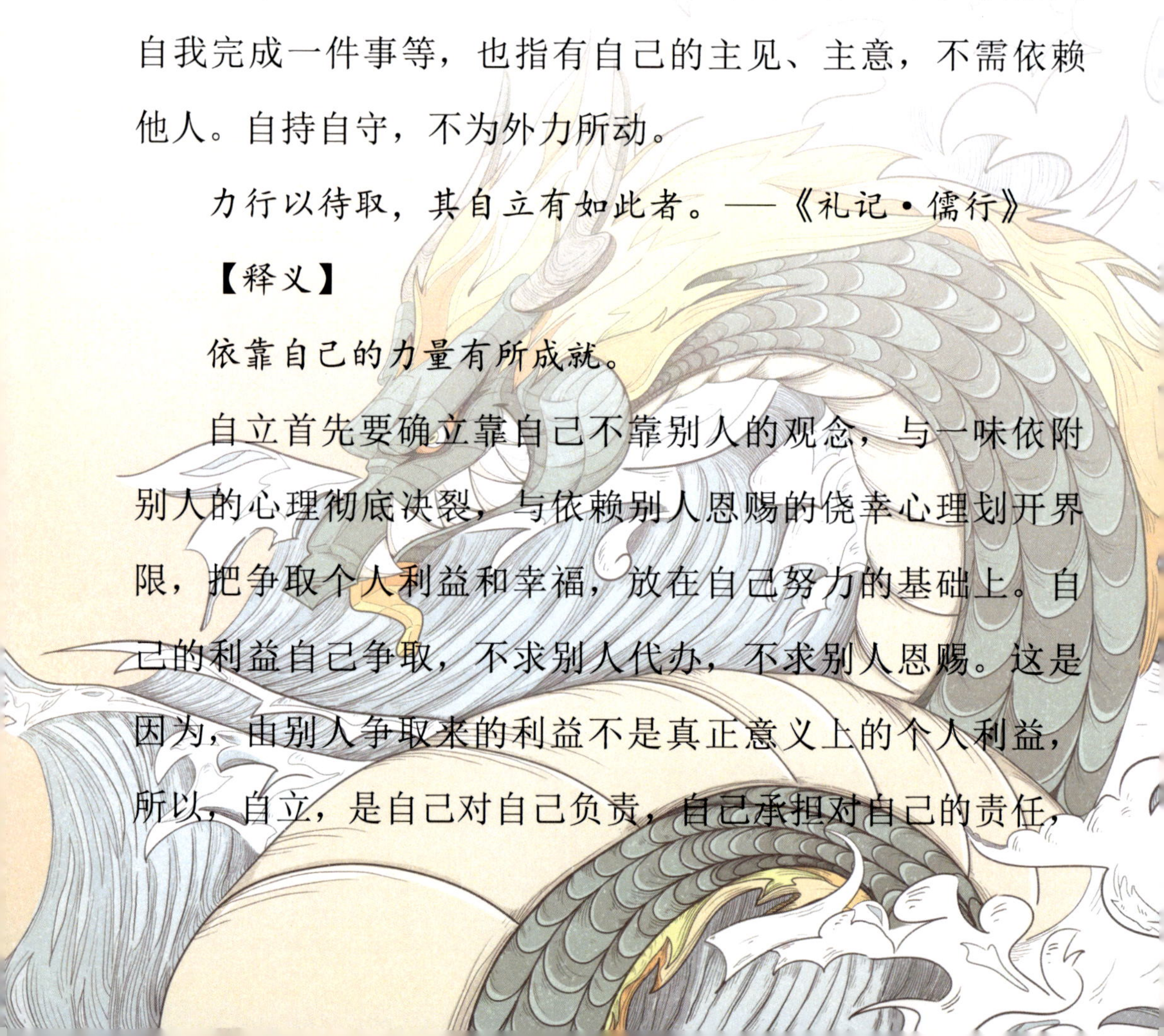

把命运掌握在自己手里。当然，我们说的自立绝不是自我封闭，而是强调矛盾的主要方面在自身，主要责任在自身。在争取自身利益上，友谊和援助是次要的，是辅助性的。同时，也只有做到自立，才能赢得友谊和援助。事实上，善于取得他人的帮助，汲取他人的经验，以强化和完善自我，正是一个自立者应当具备的素质。

三、与龙相关的小知识

【蛟龙戏水】

比喻刀枪棍棒等武器使得轻松自如，灵活多变。形容武艺精湛纯熟。

【龟龙麟凤】

传统上用来象征高寿、尊贵、吉祥的四种动物。比喻身处高位，德盖四海的人。

【凤毛龙甲】

凤的羽毛，龙的鳞甲。比喻珍贵之物。

【舞凤飞龙】

犹龙飞凤舞。气势奔放雄壮的样子。

【龙盘虎踞】

像龙盘着，像虎蹲着。形容地势雄伟险要。特指南京。

【虎窟龙潭】

龙居住的深水潭，虎栖身的巢穴。比喻极其凶险的地方。

【元龙高卧】

元龙：三国时陈登，字元龙。原指陈登自卧大床，让客人睡下床。后比喻对客人怠慢无礼。

四、与龙相关的小故事

望子成龙

一个员外多年无子，四十岁这年，夫人终于有喜了。十月怀胎，弄璋报喜，全家上下喜庆万分。俗话说：小毛毛，七坐八爬九个月扎牙。这个毛毛呢，十个月就会走路说话，家人喜出望外，员外更是百倍疼爱，悉心教养。小儿长到三四岁，诗词文章，鲤对应答，不在话下。员外再没得可教他的了，于是就送他去赶考。因为他太小了，跨不过考堂的高门槛，于是员外将他扛在自己的肩上：骑肩入堂。当考官点名问考，见一人扛着个小儿进来，很是奇怪，便发问：堂下负子入考者为何人？只听小儿答道：负者不考，考者不负，礼虽不恭，情有可原，望大人见谅。说完一拱手。考官见之打了一惊！

于是道：不孝儿骑父为马。

童儿对：慈悲父望子成龙。

考官又道：鹦鹉能言难似凤。

童儿接道：蜘蛛虽巧不如蚕。

考官冷笑：小孩子满口乳臭。

儿童回敬：大老人一脸花椒。

考官道：草萤有光终非火。

神童道：荷露虽圆岂是珠。

考官心喜：眼中人为面前人。

神童心欢：水底月是天上月。

这眼中人就是看中之意，这水底月便是为官清明之喻。最后，神童中了状元。果然是：有负父望者岂敢考？敢考者不负父望。

画龙点睛

南北朝时期，有个擅长画龙的人叫张僧繇。他画龙已达到了出神入化的地步。传说，有一次，张僧繇在金陵安乐寺的墙上画了四条白龙，但令人不解的是，这四条白龙都没有点上眼睛。有很多人问他："先生为何不点上眼睛呢？"张僧繇回答说："点上眼睛很容易，但一点上，恐怕龙就会破壁腾空而去。"人们不相信这一说法，都要他点上眼睛，看看龙到底会不会飞走。

在众人的执意要求下，张僧繇只得提起笔来给龙点睛。他刚点了两条龙的眼睛，忽然雷雨大作，接着，只听得"轰"的一声巨响，墙壁开裂。人们仔细一看，原来墙上的那两条画了眼睛的白龙已经腾云驾雾，飞到天上去了。而那两条没有点睛的白龙，仍然留在了墙壁上。

人们这才相信了张僧繇所说的话。

五、基础技术

1. 拳腿组合空击：根据自己平时所学基本技术，拟定目标假想敌，做出进攻与防守。更多使用拳腿组合来提高自身对于拳腿技术的控制能力。

2. 自由打沙袋：活动沙袋比固定的难打，沙袋在晃动，你可能一时打中，一时击空，很有威力的一拳却发不出威力。故应体会拳法与步法的配合。

3. 配合：追击打、退步打、迎击打、连续击打、前手点打等，打得丰富多变，方悟击打之妙。同样，在踢击中，应在运动中踢击，不必每一次都是重击。单击与组合击打。看自己是否打出整体威力。

4. 实战：实战是搏击训练当中十分重要的环节，是检验基础动作是否可以运用的标准。在实战中，根据对方不停做出的变化而做出应对，进攻与防守不停转换。拳腿技术根据对方的状态调整运用，实战既是对技术动作的检验也是对心理承受能力的训练。

实战

5. 拳卧撑：身体伸直，以两脚尖和两拳面（拳心相对）着地，身体其他部位不动就做肘关节的屈伸，由于握拳后屈伸活动受腕部活动幅度的限制，所以下屈时两个肘关节要弯向身体的两侧。

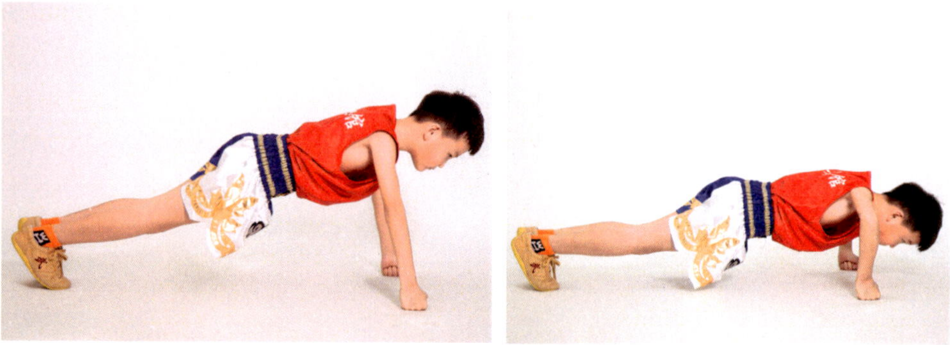

拳卧撑

六、考级标准

中国搏击协会晋升级位（地支标）12 级至 1 级标准。

级位	12级	11级	10级	9级	8级	7级	6级	5级	4级	3级	2级	1级
课时	0节	15节	20节	25节	30节	30节	40节	40节	50节	50节	60节	60节

习练者的水平已经具备相当的攻击能力，增强独立自主意识。在 6 级训练满 40 节课时以上，并能熟练掌握本级别技术动作。

注：需持有 6 级证书。

七、考级的内容

级	考点	基本技术	体能素质	品德知识
巳升辰5级	自立 独立意识	拳腿组合空击 自由打沙袋 实战	拳卧撑 仰卧起坐	与龙相关的成语和典故

八、考级表

序号	项目	考级内容	分数	得分
1	日常表现	礼仪、训练、上课情况（教练打分）	10	
2	基本技术	拳腿组合空击（10 秒）	10	
3		自由打沙袋（10 秒）	10	
4	体能素质	拳卧撑（20 个）	10	
5		仰卧起坐（30 个）	10	
6	综合应用	实战	30	
7				
8				
9	品德知识	与龙相关的成语 3 个，并能叙述其中一个典故	10	
10	礼仪	行礼	10	
总计	考点	自立，独立意识	100	

第九章 卯（谦恭）

级位	1级	2级	3级	4级	5级	6级	7级	8级	9级	10级	11级	12级
标志	子	丑	寅	卯	辰	巳	午	未	申	酉	戌	亥

卯时（北京时间5时至7时）：日出，又名日始、破晓、旭日等，指太阳刚刚露脸，冉冉初升的那段时间。天刚亮，兔子出窝，喜欢吃带有晨露的青草，故称为“卯兔”。

卯在搏击之位中位于4级。

卯

一、生肖的由来

相传兔子和黄牛是邻居，它俩相处得好，互称兄弟。黄牛以勤劳苦干度日，兔子靠机灵能干为生，日子都过得不错。有一天，善于长跑的兔子在黄牛面前炫耀道：“我是动物世界中的长跑冠军，谁也跑不过我！”黄牛虚心求教长跑的绝招，兔子却骄傲地摇摇头说：“长跑冠军得靠先天的素质，学是学不会的。再说，长跑得身轻体便，你这粗壮的身子，恐怕是永远跑不快的。”黄牛的心给兔子说得凉了半截，可心里不服气。从此，黄牛开始练长跑，凭着一股坚韧不拔的牛劲，黄牛终于练成一双“铁脚”。尾巴一翘，四蹄如风，几天几夜也不知疲乏。

到了玉皇大帝排生肖位的日子，依照规则，谁先到就让谁当生肖。黄牛与兔子约定，鸡叫头遍就起来，直奔天宫争生肖。

鸡叫头遍，黄牛起床时，兔子早就一个人跑了。兔子跑了好一阵子，回头一看，不见任何动物的影子。兔子心想，我今天起得最早，跑得又最快就是睡上一觉起来，这生肖的头名也是非我莫属。于是，它在草地上呼呼大睡起来。

黄牛虽然落后了，但它靠坚韧的耐力和平时练就的“铁脚”，一鼓作气，当兔子还在酣睡的时候，便已跑到了天宫。

一阵急促的脚步声惊醒了兔子，睁眼一看，原来是老虎一阵风般地跑过去，这下兔子急了，赶紧追赶，可惜慢了一步，最终还是落在了老虎之后。由于牛的双角间还蹲了一只投机取巧的小老鼠，结果兔子只排到了第四位，前三名是鼠、牛、虎。

兔子虽然当上了生肖，但始终觉得脸上无光，输给了自己讽刺的老牛。回来以后，把家搬到了土洞中，现在的野兔也还是住在土洞中。不过，兔子是会吸取教训的。不信，你今天再来一个“牛兔赛跑”或者“龟兔赛跑”，得冠军的肯定是兔子。

二、生肖的特点

兔：谦恭（习练者需谦虚做人，对人恭敬，加深品德培养）。

谦恭不是一种姿态，而是一个人内在品德和修养的高度表现。它不因学问博雅而骄傲自大，也不因地位显赫而处优独尊，相反，谦恭者学问越深越能虚心谨慎，地位越高越能以礼待人。

兔子眼睛的颜色与它们的皮毛颜色有关系，黑兔子的眼睛是黑色的，灰兔子的眼睛是灰色的，白兔子的眼睛是透明的。

兔子的眼睛有红色、蓝色、茶色等各种颜色，也有的兔子左右两只眼睛的颜色不一样或许因为兔子是夜行动物，所以它的眼睛能聚很多光，即使在微暗处也能看到东西，另外，由于兔子的眼睛长在脸的两侧，因此它的视野宽阔，对自己周围的东西看得很清楚，有人说兔子连自己的脊梁都能看到。不过，它不能辨别立体的东西，对近在眼前的东西也看不清楚。小兔有各种颜色的，它们的眼睛也是有不一样颜色的。那是因为它们身体里有一种叫色素的东西。含有灰色素的小兔，毛和眼睛就是灰色的；含黑色素的小兔，毛和眼睛是黑的。小白兔身体里不含色素，它的眼睛是无色的，我们看到的红色是血液的颜色，并不是眼球的颜色，所以它的眼睛自然就是红色的了。

兔子喜食草，如车前草、蒲公英、胡萝卜、白菜、菠菜等。

三、与兔相关的小知识

【兔角龟毛】

兔生角，龟长毛，都是没有的事。比喻有名无实。

【狡兔三窟】

窟：洞穴。狡猾的兔子有三个洞穴。原比喻藏身的地方特别多，用来躲避灾难祸患。现多比喻掩盖的方法多，隐身的计划周密。

【惊猿脱兔】

如受惊的猿猴、脱逃的兔子。形容迅速奔逃。

【势若脱兔】

势：攻势。脱：脱逃。对敌人攻击的速度极快，就像脱逃的兔子奔跑那样。

【兔起鹘落】

兔子刚起跑，鹘就猛扑下去。形容动作非常敏捷，比喻下笔快捷。

【见兔放鹰】

看到野兔，立即放出猎鹰追捕。比喻行动及时，适合需要。

【兔起凫举】

凫：野鸭。像兔敢奔跑，像野鸭急飞。比喻行动迅速。

四、与兔相关的小故事

守株待兔

宋国有一个农夫，每天在田地里劳动。有一天，农夫正在田里干活，突然一只野兔从草丛中窜出来。野兔因见到有人而受了惊吓，它拼命地奔跑，不料一下子撞到农夫地头的一截树桩上，折断脖子死了。农夫便放下手中的农活，走过去捡起死兔子，他非常庆幸自己的好运气。晚上回到家，农夫把死兔交给妻子。妻子做了香喷喷的野兔肉，两口子有说有笑美美地吃了一顿。第二天，农夫照旧到地里干活，可是他再不像以往那么专心了。他干一会儿就朝草丛里瞄一瞄、听一听，希望再有一只兔子窜出来撞在树桩上。就这样，他心不在焉地干了一天活，该锄的地也没锄完。直到天黑也没见到有兔子出来，他很不甘心地回家了。第三天，农夫来到地边，已完全无心锄地。他把农具放在一边，自己则坐在树桩旁边的田埂上，专门等待野兔子窜出来。可

是又白白地等了一天。后来，农夫每天就这样守在树桩边，希望再捡到兔子，然而他始终没有再捡到，而农田里的苗也枯萎了。农夫因此成了宋国人议论的笑柄。

兔死狐悲

从前，有一只兔子和一只狐狸它们有一个共同的敌人就是猎人，兔子和狐狸互相结盟，发誓一定要同生死，共患难。有一天，兔子和狐狸在田野里享受大自然美景的时候，没想到身边竟然有一群猎人正对它们两个虎视眈眈，猎人一箭就射死了兔子，狐狸侥幸逃脱。猎人离开后，狐狸就跑到兔子的身边开始哭泣。有一个人路过，看见狐狸正对着兔子大哭，感觉很奇怪，就走上前问狐狸为什么要

哭。狐狸啜泣道："我和兔子我们两个都是森林中微小的动物，都是猎人喜欢猎杀的对象，我们曾经约定一定要共同对抗我们的敌人猎人，生死与共。现在我的同盟兔子不幸被猎人杀死了，兔子今天死去，也就

预示着他日我的死去。我们是真正的好朋友。你说你的好朋友死去了，你能不伤心难过吗？”路人听后叹了口气说：“你为你的同盟，你的好朋友哀悼和哭泣是有道理的。”

五、基础动作

1. 拳法示范并讲解：根据自己所学拳法动作进行示范演练并做出要点讲解。

2. 腿法示范并讲解：根据自己所学腿法动作进行示范演练并做出要点讲解。

3. 常规比赛规则讲解：

时间设置：青少年一局 90 秒，三局制，局间休息 30 秒，成年人一局 180 秒，三局制，局间休息 60 秒。

分数设置：减分制，每局双方各 10 分，败方扣 1 分，读秒扣 2 分。

每回合最大分差为 10 比 8，全局最大分差为 30 比 25。

裁判口令：开始、停。

判罚标准：

（1）先看击打效果明显者胜。

（2）次看主动进攻积极者胜。

（3）再看技术全面者胜。

（4）更少使用犯规动作者胜。

（5）礼仪标准全面者胜。

禁止击打：后脑、颈部、裆部。

禁止使用：反关节技法、抱摔、连续膝击。

终止比赛：故意犯规，不听裁判口令，检录三次不到，无意比赛（不想打），违反比赛规定。在一回合中同一选手出现两次读秒，全局中同一选手出现三次读秒比赛终止。

名词解释：

重击：打的对方不敢打或Ko。

Ko：就是把对方打倒至其休克或痉挛。

Tko：就是技术悬殊明显，无法顺利进行比赛或致使对方受伤，经医生鉴定不能继续比赛的。

倒地：除两脚之外的第三点支撑。

注意事项：不要转身，不要抓围绳，不要把后脑给对方。

六、考级标准

中国搏击协会晋升级位（地支标）12 级至 1 级标准。

级位	12 级	11 级	10 级	9 级	8 级	7 级	6 级	5 级	4 级	3 级	2 级	1 级
课时	0 节	15 节	20 节	25 节	30 节	30 节	40 节	40 节	50 节	50 节	60 节	60 节

对对手已构成威胁，要注意自我修养和控制。在 5 级训练满 50 节课时以上，并能熟练掌握本级别技术动作。

注：需持有 5 级证书。

七、考级的内容

级	考点	基本技术	体能素质	品德知识
辰升卯 4 级	谦恭 个人修养	拳法示范并讲解 腿法示范并讲解 常规比赛规则讲解	无	与兔相关的成语和典故，背诵武德训

八、考级表

序号	项目	考级内容	分数	得分
1	日常情况	礼仪、训练、上课情况（教练打分）	10	
2	基本技术	拳法展示并讲解其中一个动作	20	
3				
4		腿法展示并讲解其中一个动作	20	
5				
6		常规比赛竞技规则讲解	20	
7				
8	品德知识	背诵武德训	10	
9		与兔相关的成语 3 个，并能叙述其中一个典故	10	
10	礼仪	行礼	10	
总计	考点	谦恭，个人修养	100	

第十章 寅（自强）

级位	1级	2级	3级	4级	5级	6级	7级	8级	9级	10级	11级	12级
标志	子	丑	寅	卯	辰	巳	午	未	申	酉	戌	亥

寅时（北京时间3时至5时）：平旦，又称黎明、早晨、日旦等，是夜与日的交替之际。此时昼伏夜行的老虎最凶猛，古人常会在此时听到虎啸声，故称为“寅虎”。

寅在搏击之位中位于3级。

寅

一、生肖的由来

在远古时候，属相中有狮子，没有老虎。由于狮子太凶残，名声不好，主管封属相的玉皇大帝想把狮子除名，但是又必须补进一位镇山林的动物。这时，玉帝想到天宫的虎卫士。

虎卫士从前只是地上的一种不出名的动物。它从猫师傅那里学得抓、扑、咬、煎、冲、跃、折等十八般武艺后，成为山林中的勇士。凡是与它较量的，不死即伤，从此，老虎雄霸山林。后来，玉帝听说老虎勇猛无比，便下旨传老虎上天。老虎上天之后，同玉帝的卫士较量，赢得胜利。

从此，老虎便成了天宫的殿前卫士。

狮子被除名不久之后，地上的飞禽走兽见无人镇管，开始胡作非为起来。给人间造成了灾难这事惊动了土地神，土地神连忙上报天庭，请玉帝派天神镇住百兽。玉帝便派老虎下凡，老虎要求每胜一次，便给它记一功。玉帝只求人间安宁，当然满口答应老虎的要求。

来了人间，老虎了解到狮子、熊、马是当时最厉害的三种动物，它就专门向这三种动物挑战。老虎凭借着勇猛和高超的武艺接连击败了狮子、熊、马。其他恶兽闻风而逃，藏进了无人居住的森林荒野。人间欢声动地，感谢老虎为人世间立了大功。

回到天上，玉帝因老虎连胜三场，便在它的前额刻下了三条横线。后来，人间又受到东海龟怪的骚扰，大地一片汪洋。虾兵蟹将作恶人间，老虎又来到凡间，咬死了龟怪。玉帝一高兴，又给老虎记一大功，在额头的三横之中又添了一竖。于是一个醒目的“王”字现在老虎前额。从此，老虎便为百兽之王，总管百兽。时至今天，虎额上也还可见到威风的“王”字。

玉帝决定属相补进了兽王虎。从此，虎成了属相，狮子则被贬到遥远的南方去了。当然，老虎也从玉帝的殿前卫士下凡间，永保下界安宁。

二、生肖的特点

虎：自强（习练者对所练搏击技术进行加深夯实）。

自强是一种精神，是一种美好的品德，是一个人活出尊严、活出人生价值的必备品质；是一个人健康成长、努力学习、成就事业的强大动力。自强是在自爱、自信的基础上充分认识自己的有利因素，积极进取，努力向上，不甘落后，勇于克服困难做生活的强者。树立自

强的目标　助于克服意志消沉、性格软弱从而振奋精神，担负起时代赋予的重任。老虎的头顶上写着一个“王”字，自古受到中国人的喜爱和崇拜，被尊为“圣兽”“兽中之王”。它大摇大摆走路的样子多威武啊！它身上有很多的小条纹，生起气来可就麻烦了！它的爪子就像刀一样尖利，可怕极了！老虎的嘴里发出来的声音，直叫人发颤，它们胡须也是很锋利的呢！最后要说它的尾巴了，又长又厚，甩过来一定很重很重。

三、与虎相关的小知识

【虎视眈眈】

像老虎一样凶狠地注视着。形容心怀不良，伺机攫取。

【养虎遗患】

养着老虎，留下祸患。比喻纵容坏人，给自己留下后患。

【调虎离山】

设计让老虎离开原来的山头，比喻用计谋引诱对方离开原来有利的地势。

【为虎作伥】

被老虎咬死的人变成鬼，又去引诱别人来让老虎吃，

这种鬼叫作“伥”。比喻充当恶人的帮凶。

【谈虎色变】

原指被老虎咬过的人一谈起老虎，吓得脸色都变了。后比喻一提起可怕的事，就情绪紧张。

【势成骑虎】

情势像骑在老虎背上一样，很难下来。比喻已在进行中的事情，迫于情势，欲罢不能。

【画虎不成】

画老虎画不好（画得像只狗）。比喻好高骛远，一无所成，反贻笑柄。

【虎落平川】

老虎离开自己称王称霸的深山老林，落到了平地上。比喻有权有势或有实力者失去了自己的权势或优势。

【为虎傅翼】

替老虎加上翅膀。比喻帮助坏人，增加恶人的势力。

四、与虎相关的小故事

狐假虎威

老虎寻找各种野兽吃掉它们，抓到一只狐狸，狐狸说："您不能吃我！上帝派遣我来做野兽的首领，现在你吃掉我，就是违背上帝的命令。如果你认为我的话不诚实，我在你前面走，你跟随在我后面，看各种野兽看见我有敢不逃跑的吗？"老虎认为狐狸的话是有道理的，所以就和它一起走。野兽看见它们都逃跑了。老虎不知道野兽是害怕自己而逃跑的，认为它们是害怕狐狸。

老虎学艺

尽管虎在山林中作威作福，大模大样地走来走去，但有一个最大的弱点，就是不会上树。因为在很早以前，虎什么本领都没有，只好拜猫为师，学习各种本领。热情的猫很快就教会了它纵、跳、蹿、扑等诸般技艺，但也发现了虎凶狠残暴的本性，就在传授的过程中留了一手。

当虎觉得自己已将猫的本领完全学会之后，便一反常态，恩将仇报，竟然猛扑过来，要把猫一口吃掉。猫却不慌不忙，敏捷而灵巧地纵身爬上了树梢，免遭暗算。虎蹲在树下无计可施，便又央求猫把上树的方法传授给它。猫则不再上当，虎也就终于没有学会上树的本领。

五、基础动作

1. 自由打靶：一人执靶，给出不同的靶位和进攻的动作。习练者根据不同的靶位和动作，做出进攻与防守进行单一或组合的拳腿击打。

2. 自由空击：根据自己平时所学基本技术，拟定目标假想敌做出进攻与防守。对所学技术灵活运用、自由发挥。

六、考级标准

中国搏击协会晋升级位（地支标）12 级至 1 级标准。

级位	12级	11级	10级	9级	8级	7级	6级	5级	4级	3级	2级	1级
课时	0节	15节	20节	25节	30节	30节	40节	40节	50节	50节	60节	60节

对所练搏击技术进行加深夯实。在 4 级训练满 50 节课时以上，并能熟练掌握本级别的技术动作。

注：需持有 4 级证书。

七、考级的内容

级	考点	基本技术	体能素质	品德知识
卯升寅3级	自强 拼搏精神	自由空击 自由打靶	拳卧撑 仰卧起坐 背肌	与虎相关的成语和典故

八、考级表

序号	项目	考级内容	分数	得分
1	日常表现	礼仪、训练、上课情况（教练打分）	10	
2	基本技术	自由空击（10秒）	10	
3		自由打靶（20秒）	20	
4				
5	体能素质	拳卧撑（50个）	20	
6				
7		仰卧起坐（50个）	10	
8		背肌（20个）	10	
9	品德知识	与虎相关的成语3个，并能叙述其中一个典故	10	
10	礼仪	行礼	10	
总计	考点	自强，拼搏精神	100	

第十一章 丑（力量）

级位	1级	2级	3级	4级	5级	6级	7级	8级	9级	10级	11级	12级
标志	子	丑	寅	卯	辰	巳	午	未	申	酉	戌	亥

丑时（北京时间1时至3时）：鸡鸣，又名荒鸡，十二时辰的第二个时辰。牛习惯夜间吃草，农家常在深夜起来挑灯喂牛，故称为“丑牛”。

丑在搏击之位中位于2级。

丑

一、生肖的由来

古时，牛王是玉帝殿前的差役，时常往返于天宫和大地之间。有一天，农夫托牛王给玉帝传个口信，说是人间寸草不生，大地光秃秃的，太难看，请玉帝带点母草籽给人间，把人间打扮得好看些。玉帝听了，觉得有道理，便问殿下众神谁愿去人间撒草种。

“玉帝，我愿去人间撒草种。”牛王自告奋勇地说。

“你是个粗心大意的家伙，恐怕不行吧。”玉帝不放心地说。

“玉帝放心，这点小事我都办不好，甘愿受罚。”牛王坚持要去。

玉帝同意了牛王的请求，嘱咐牛王到人间后，走三步撒一把草籽。

牛王带着草籽，走出天宫，在跨出南天门时，不小心跌了一跤，摔下人间后，头脑晕乎乎的，误以为玉帝的旨意是走一步撒三把草籽。于是，大把的草籽被撒在了大地上。

第二年，野草丛生，农夫根本无法种庄稼了。

他们托灶神告诉玉帝，野草太多，庄稼无法生长。玉帝知道坏事了，招来牛王一问才知道粗心的牛王是一步撒三把草籽，把一件好事办坏了。

“你这粗心的老牛，弄得人间遍地里草，当初你怎么保证的？

从今以后，你和你的子子孙孙都只准吃草，帮助农夫除草，同时，祖祖辈辈帮助农夫干活儿。”玉帝说完，怒气未消，飞起一脚踢向老牛，牛王一个筋斗从天上落到人间，嘴巴朝下，被摔掉一排上牙。于是，牛从此便一辈子给农夫当苦力，并且从未停止啃青草。直到今天，它的那排上牙也还没有长出来。

二、生肖的特点

牛：力量（代表习练者其技术动作已相当成熟，可以加强功力训练）。

力量指力气，分量。在人们的理解当中力量通常有两种最常用的解释，①表现在外在方面，体现在由身体直接表现出来的一种能量或破坏力；②表现在内在方面，体现在精神方面的一种能量，主要是由内心来支配的，表现出来为人们坚定的信念、信仰等。这两种力量可以相互影响，即外在的力量可以影响带动内在的力量，也就是人们常说当人们外在状态改变，即人开始动起来的时候精神状态也随之增加。

在十二生肖当中，牛就是力量的代表，它特别乖巧，而且很庞大，显得十分的威风，牛从来就不生气，很温和，也不“哞”着喝水，一年四季只吃嫩叶，牛的样子很威武，很有气势，身体很强壮，但感觉很老实的样子。

牛的特点就是头上长有尖尖的两只角，它的角就是攻击和防御的武器，如果谁惹怒了它，它就会低下头将牛角来对付敌人，只要被撞到，

准会飞到两米以外。如果两头牛互相看不顺眼了，它们也会进行决斗。牛的尾巴时常甩来甩去，因为牛蝇喜欢叮在牛身上，甩尾巴是用来驱赶令人讨厌的牛蝇。

牛的力气很大，如果是野牛的话，它们的生活习惯和家养的牛基本上是不一样的，它们的力气比家养的牛要大好几倍。家养的牛，每天除了吃青草以外，只知道为人们犁田，做粗重的农活，帮人们不少忙，值得我们敬佩。

三、与牛相关的小知识

【泥牛入海】

泥塑的牛进入大海中就会化掉。比喻一去不返，杳无音信。

【床下牛斗】

听到床下蚂蚁动，误以为牛在相斗。形容体衰耳聪，极度过敏。

【童牛角马】

童牛：没有角的牛；角马：长角的马。比喻不伦不类的东西。也比喻违反常理，不可能存在的事物。

【九牛一毫】

九条牛身上的一根毛。比喻极其微小，微不足道。

【气冲牛斗】

原指宝剑的光气射入天际。形容气势极盛，直冲星空。有时也指怒气极盛。比喻事业兴旺发达，红红火火、蒸蒸日上。也比喻有的人脾气不好，不把别人说的话放心上，很自大的样子！

【牛鼎烹鸡】

用煮一头牛的大锅煮一只鸡。比喻大材小用。

四、与牛相关的小故事

对牛弹琴

战国时期，有个叫公明仪的音乐家，弹得一手好琴。

有一天，天气晴朗，公明仪

带着琴来到郊外，远处有一头黄牛。

正在吃草，公明仪顿时来了灵感，他摆好琴，拨动琴弦，对牛弹起琴，听到这么优美的曲子，老黄牛一点反应也没有，只管低头吃草。

公明仪以为老黄牛不喜欢听这首曲子，于是就换了一首，可是老黄牛还是低头吃草。

公明仪将曲子换了一首又一首，老黄牛还是不理会。最后，老黄牛吃饱了，竟然慢悠悠地走了。

公明仪失望极了，人们安慰他说：“不是你弹得不好，是老黄牛根本听不懂。”公明仪叹了口气，只好抱着琴回家去了。

目无全牛

厨师给梁惠王宰牛。手所接触的地方，肩膀所倚靠的地方，脚所踩的地方，膝盖所顶的地方，哗哗作响，进刀时霍霍地，没有不合音律的：合乎（汤时）《桑林》舞乐的节拍，又合乎（尧时）《经首》乐曲的节奏。

梁惠王说：“嘻，好啊！（你解牛的）技术怎么竟会高超到这种程度啊？”

厨师放下刀回答说:“我所追求的,是(事物的)规律,(已经)超过(一般的)技术了。开始我宰牛的时候,眼里所看到的没有不是牛的;三年以后,不再能见到整头的牛了。现在,我凭精神和牛接触,而不用眼睛去看,视觉停止了而精神在活动。依照(牛的生理上的)天然结构,击入牛体筋骨(相接的)缝隙,顺着(骨节间的)空处进刀,依照牛体本来的构造,筋脉经络相连的地方和筋骨结合的地方,尚且不曾拿刀碰到过,更何况大骨呢!技术好的厨师每年更换一把刀,(是用刀硬)割断筋肉;一般的厨师每月(就得)更换一把刀,(是用刀)砍断骨头。如今,我的刀(用了)十九年,所宰的牛有几千头了,但刀刃的锋利就像刚从磨刀石上磨出来的一样。那牛的骨节有间隙,而刀刃很薄;用很薄的(刀刃)插入有空隙的(骨节),宽宽绰绰地,对刀刃的运转必然是有余地的啊!虽然是这样,每当碰到(筋骨)交错聚结的地方,我看到那里很难下刀,就小心翼翼地提高警惕,视力集中到一点,动作缓慢下来,动起刀来非常轻,豁啦一声,(牛的骨和肉一下子)解开了,就像泥土散落在地上一样。(我)提着刀站立起来,为此举目四望,为此志得意满,(然后)把刀擦抹干净,收藏起来”。

梁惠王说：“好啊！我听了你的这番话，懂得了养生的道理”。

五、基础动作

1. 重拳重腿击靶：一人执靶，使用拳腿单一动作击打，注重发力击打效果。

2. 重拳重腿击沙袋：使用拳腿单一或组合动作进行击打沙袋。注重发力击打效果。

3. 卧推：杠铃位于眼睛正上方，双手比肩稍宽握住杠铃；双腿踩实地面，臀部收紧，绷紧腹部，肩胛骨后缩下沉使上背平贴凳子。

出杠：吸气憋住，发力将杠铃移至锁骨正上方；调整呼吸。

下落：缓慢下落至胸肌正上方，杠铃与身体间隔 1 ～ 2 厘米左右。

推起：在底部稍作停顿后，发力推起至锁骨正上方，上背仍然平贴凳子；挤压胸部。

回杠：最后一次结束后，将杠铃放回固定架上。

4. 深蹲：双脚比肩稍宽站立，脚尖与膝盖同方向，全程保持腰背挺直，双臂握住杠铃放于颈后缓慢下蹲，从侧面看膝盖不要过分超过脚尖，蹲至大腿与地面平行，起身时脚趾抓地挺髋蹲起，重心始终位于脚底中部，腰腹部始终收紧。

呼吸：

蹲下时吸气，蹲起时呼气。

当大重量时，吸气憋住，下蹲站起后调整呼吸。

动作感觉：

蹲下最低点时，臀部和上腿前侧有牵拉感。

蹲起时，臀部和大腿内侧有强收绷发力感。

六、考级标准

中国搏击协会晋升级位（地支标）12 级至 1 级标准。

级位	12级	11级	10级	9级	8级	7级	6级	5级	4级	3级	2级	1级
课时	0节	15节	20节	25节	30节	30节	40节	40节	50节	50节	60节	60节

代表习练者经过长期艰苦的磨炼，其技术动作已相当成熟。在 3 级训练满 60 节课时以上，并能熟练掌握本级别的技术动作。

注：需持有 3 级证书。

七、考级的内容

级	考点	基本技术	体能素质	品德知识
寅升丑2级	力量 功力展示	重拳重腿击靶 重拳重腿击沙袋	卧推 深蹲	与牛相关的成语和典故

八、考级表

序号	项目	考级内容	分数	得分
1	日常情况	礼仪、训练、上课情况（教练打分）	10	
2	基本技术	重拳重腿击靶（20 秒）	20	
3				
4		重拳重腿沙袋（20 秒）	10	
5	体能素质	卧推（男生自身重的 80%）（女生自身重的 60%）	20	
6				
7		深蹲（男生自身重的 100%）（女生自身重的 80%）	20	
8				
9	品德知识	与牛相关的成语 3 个，并能叙述其中一个典故	10	
10	礼仪	行礼	10	
总计	考点	力量，功力展示	100	

第十二章　子（睿智）

级位	1级	2级	3级	4级	5级	6级	7级	8级	9级	10级	11级	12级
标志	子	丑	寅	卯	辰	巳	午	未	申	酉	戌	亥

子时（北京时间23时至1时）：夜半，又名子夜、中夜，十二时辰的第一个时辰。正是老鼠趁夜深人静，频繁活动之时，故称为“子鼠”。

子在搏击之位中位于1级。

子

一、生肖的由来

据说，在很早以前，生肖这件事归四大天王掌管，当年执事的天王姓什么，那年出生的人就属什么。后来，四大天王回归天宫镇守南天门后，玉皇大帝就决定挑十二种动物代表人间生肖，并赐封为神，为体现公平原则，玉帝下令，在规定的日子，人间的动物都可以到天宫应选，并且以动物们赶到天宫的先后作为排名次的顺序，只取最先赶到的前十二名。

那时鼠和猫是一对好朋友，他们约定一同到天宫去争

取当生肖，并约定到时老鼠来叫猫一同出发。可是，机灵的小老鼠想，人间的许多动物都比自己漂亮，并且还对人类有用，比如，猫念经、兔拜月、狗守屋、龙蛇治水、猴镇山、牛马耕田、猪羊供人食用，自己应当想个法子才能争取到属相。

于是，在规定到天宫的那天一早，小老鼠悄悄地起来，也没去叫猫，自个儿偷偷跳上老牛的角中藏起来，让韧性最好、最勤奋的牛带自己上天宫去，老牛果然第一个赶到天宫大门。天亮了，四大天王刚打开大宫门，牛还没有来得及抬蹄，小老鼠从牛角中一跃而下，直奔天宫大殿。尽管玉帝不愿意封这个小小的老鼠为生肖。可是君王口中无戏言，自己定下的规定不能更改，玉帝也只好宣布鼠为生肖之首。

猫在家等了半天，不见鼠的影子，只好自己赶去天宫，由于等待老鼠耽误了时间，等猫赶到天宫时，十二生肖的名额已排满，没有猫的份儿了。从此，猫恨透了老鼠，一见到就扑上去咬，以泄心中之愤，而老鼠呢，也觉得有些对不起猫朋友，见到猫就逃。直到今天猫和老鼠还是对头，人们也觉得老鼠的这生肖之首来得不怎么光明正大，也对老鼠失去了好感，其他动物也疏远了它。

于是，老鼠便离开了人和别的家禽家畜，建立了自己的家园，过着独立自主的生活。直至今天，它们子孙也还是生活在地下。这一来反倒免去了和其他动物的纠缠、争斗，所以鼠的家族始终昌顺、繁衍不息。不管怎么说，老鼠毕竟是凭自己的机警和聪明坐上了生肖的第一把交椅。

二、生肖的特点

鼠：睿智（学习完 12 级的全部课程，一个品格健全的武者开始由级向段晋升）。

睿智是指见识卓越，富有远见，聪慧、明智。做事不慌，处事不惊，遇事不乱。心中有大智慧，成熟稳重。

聪明睿智，守之以愚。——《孔子家语·三恕》

【释义】

聪明睿智的人比较稳重，不会过于炫耀自己的智慧。

睿智的人应该是为人处世有原则，理性的认识与智慧的头脑并存，一个睿智的人往往知道自己该做什么，在生活中懂得择优而用，一个人睿智的表现不单单是外表的成熟，内在知识的积累也很重要。

三、与鼠相关的小知识

【穷鼠啮狸】

啮：咬；狸：狸猫。无路可逃的老鼠也会咬猫。比喻受人欺压，虽然敌不过，也会拼死抵抗。

【首鼠两端】

首鼠：鼠性多疑，出洞时一进一退，不能自决；两端：拿不定主意。 在两者之间犹豫不决又动摇不定。

【猫鼠同眠】

猫同老鼠睡在一起。比喻官吏失职，包庇下属干坏事。也比喻上下狼狈为奸。

【鼠目寸光】

老鼠的眼睛只能看到一寸远的地方。形容目光短浅，没有远见。

【抱头鼠窜】

抱着头，像老鼠那样惊慌逃跑。形容受到打击后狼狈逃跑。

四、与鼠相关的小故事

投鼠忌器

三国初期，汉献帝与丞相曹操、皇叔刘备一起去打猎。曹操为了显示自己的武力，竟跟汉献帝齐头并进。汉献帝见不远处有只兔子，就叫刘备射，说是要看看皇叔的箭法。刘备连忙弯弓射箭，正好命中兔子，汉献帝连夸好箭法。汉献帝又看见一只大鹿，连射三箭不中，就叫曹操射。曹操拿过汉献帝的金比箭，一箭就射中了鹿。将士们见射中鹿的是金比箭，以为是汉献帝射的，都高呼万岁，曹操得意地站到汉献帝前接受欢呼。关羽实在看不下去，要拿马刀砍曹操，刘备忙暗示他不可轻举妄动。事后，关羽问刘备为什么不让杀曹操，他说：投鼠忌器，他身边还有汉献帝呢。

胆小如鼠

南北朝时，有一个十分胆小的人，名叫元庆和，他本来是北魏时期的官员，担任刺史一职。一天，他的手下找到他：“大人，敌人已经攻到城下了，我们是不是要跟他们决一死战？”而他双手发抖地说道：“不，不，传令下去，让所有的将士放下兵器，准备投降。”

虽手下极力劝阻，可他心意已定，出城投降。 从此，他所掌管的区域全部划入了梁朝的版图。梁武帝得知此事倍感诧异：“元庆和竟然投降，就封他为‘魏王’吧！”

几年后北魏分裂成了东魏和西魏，有一次元庆和奉了梁武帝的命令，带领梁朝的将士去攻打东魏的项城。他的士兵报告道：“报告王爷，大军已经到达项城了，听闻东魏的大军没多久也会到达那里。”元庆和谨慎地说道：“你知道东魏的大军多少人吗？”士兵信心满满地说“大约有三万人！”元庆和如晴空霹雳一般，被彻底惊到了。神色慌张地说道：“快，快传令下去，马上撤退。”士兵们不情愿的按照他的命令做了。梁武帝得知，大怒，立刻传元庆和，骂道："岂有此理！你这样就退兵！胆子简直小得像老鼠一样！看来，你不适合替朕打天下，朕要把你贬农村养猪去！"成语也就由此而来了。

五、基础技术

自由展示个性动作：在现有所学的基本技术动作之上。进行自由发挥。大胆尝试创新动作。

实战：通过擂台实战检验自己的技术水平。

六、考级标准

中国搏击协会晋升级位（地支标）12 级至 1 级标准。

级位	12级	11级	10级	9级	8级	7级	6级	5级	4级	3级	2级	1级
课时	0节	15节	20节	25节	30节	30节	40节	40节	50节	50节	60节	60节

习练者已习完 12 级的全部课程，开始由级向段过渡。在 2 级训练满 60 节课时以上，并能熟练掌握本级别的技术动作。

注：需持有 2 级证书。

七、考级的内容

级	考点	基本技术	体能素质	品德知识
丑升子1级	睿智 机智创新	自由展示个性动作 实战	无	与鼠相关的成语和典故

八、考级表

序号	项目	考级内容	分数	得分
1	日常训练	礼仪、训练、上课情况（教练打分）	10	
2	基本技术	自由展示个性动作（2 个以上）	20	
3				
4	综合应用	实战	50	
5				
6				
7				
8				

续表

序号	项目	考级内容	分数	得分
9	品德知识	与鼠相关的成语3个，并能叙述其中一个典故	10	
10	礼仪	行礼	10	
总计	考点	睿智，机智创新	100